Doing Democracy

새로운
세대를 위한
민주주의 1

Doing Democracy

두잉 데모크라시

살아있는 민주주의를 실천하기 위한 삶의 기술

인디고 서원 엮음

궁리
KungRee

여는 글

2016년 우리나라에서 일어난 국정농단 사태에 많은 시민이 분노했습니다. 고위 공직자의 부패와 비리, 기업에 대한 부정 청탁, 교육기관의 특혜 시비 등 비상식적인 현실의 민낯이 낱낱이 밝혀졌기 때문입니다. 많은 시민이 거리로 나와 권력층의 부정을 성토하고, 정치권에 변화를 요구했습니다. '대한민국의 주권은 국민에게 있고 모든 권력은 국민으로부터 나온다'라는 헌법 제1조를 외치기도 했습니다. 이제 우리에게 국가의 주인이 국민이라는 사실은 새삼 중요한 삶의 문구가 되었습니다. 그렇다면 국가의 주인으로서 우리는 왜 우리가 원하지 않는 국가의 모습을 용인하고 있는 걸까요? 우리 중 누구도 아침에 눈을 뜨며 정의롭지 못한 국가를 만들자고 다짐하지 않는데도 말입니다.

물론 우리는 몇 년마다 한 번씩 대표자를 뽑는 투표에 참여하고, 그렇게 뽑은 대표자가 일을 잘 하는지 감시하며 주인으로서 권리를 행사해왔습니다. 그러나 정치는 잘 바뀌지 않았지요. 사실, 정치란 특정 지역에서 특정 권한을 위임 받은 사람들만이 할 수 있는 것이 아닙니다. 정치는 본래 공동체의 일원으로서 그 공동체가 나아가야 할 방향과 결정 사안에 관해 자신의 의견을 말하고, 그 의견들을 종합하여 최선의 결정을 내리는 과정에 참여하는 것을 뜻하기 때문입니다. 그리고 우리는 이러한 정치과정에서 관련된 모든 구성원의 의견을 고려해야 한다는 원리를 '민주주의'라고 부릅니다. 이렇게 보면, 정치란 국가라는 공동체 단위에서만 일어나는 것이 아닙니다. 그 공동체의 범위는 친구, 연인, 가족 관계에서부터 교실과 학교, 직장, 마을과 아파트, 지역사회까지 우리 삶의 모든 부분으로 확장할 수 있습니다. 그리고 이렇게 우리의 일상에서 민주주의를 실천할 때 국가도 변할 수 있습니다. 하지만 어떻게 작은 일상의 관계들로부터 민주주의를 실천할 수 있을까요?

불행히도 우리는 잘 알지 못합니다. 그것을 배운 적이 없기 때문입니다. 미국의 창조적 실천가 프란시스 무어 라페는 이 문제를 해결하고자 자신의 책 『살아있는 민주주의』에서 우리가 일상에서 실천할 수 있는 민주주의 기술들을 소개합니다. 다른 모든 삶의 기술과 마찬가지로, 민주주의를 삶에서 실천하는 기술도 우리가 배워서 익혀야 하는 것이기 때문입니다. 그녀가 제시하는 기술들은 다소 생소하지만, 어려운 것은 아닙니다. 이 책에는 살아있는 민주주의를 실천하기 위한 삶의 기술들이 소개되어 있습니다.

라페는 말합니다. 권력은 부정적인 개념이 아니라고. 우리가 권력을 특정 권한을 가진 소수만이 누릴 수 있는 능력으로 이해하는 한, 권력은 조작하고 강제하고 파괴하는 부정적인 것이 됩니다. 권력을 이렇게 정의할 때, 권력을 갖지 못한 우리는 무기력한 피해자가 될 뿐이지요. 하지만 권력은 대한민국 헌법을 통해 국민에게만 부여된 고유한 것일 뿐 아니라 본래 '우리 스스로 행동할 수 있는 능력'을 의미합니다. 이 의미에서 볼 때 우리는 우리가 생각하는 것보다 훨씬 많은 권력을 가지고 있습니다. 우리는 모두 스스로 삶의 결정을 내릴 수 있는 능력을 가지고 있기 때문입니다. 우리에게 이미 주어진 이 권력을, 변화를 향한 힘을 선택할 때, 우리 개인의 삶은 물론 세상 역시 바꿀 수 있습니다.

우리가 원하는 삶, 바라는 세상을 스스로 선택하는 것. 우리 안에 내재한 힘을 움켜쥐는 것. 이것이야말로 민주주의를 실천하기 위한 첫 번째 삶의 기술입니다. 이 선택을 시작으로 우리는 공동의 논의에 참여하고 더 나은 세상을 위한 변화를 실천할 힘을 얻을 수 있습니다. 우리가 일상에서부터 민주주의 기술을 실천하고 더 이상 스스로를 무력한 피해자로 느끼지 않을 때, 나아가 내 삶의 주인이자 공동체의 주인으로서 영향력을 발휘할 때, 우리는 스스로 희망이 될 수 있습니다. 희망이란 변화의 실천 속에서 솟아나는 삶의 에너지와도 같은 것이기 때문입니다. 그러므로 당신이 희망입니다. 부디 이 책이 자기 삶의 주인이자 공동체의 주인으로서 살아있는 민주주의를 실천하는 데 도움이 되기를 바랍니다. 고맙습니다.

2017년 4월
인디고 서원에서 김상원, 윤한결

차례

1부

살아있는 민주주의의 이론

'살아있는 민주주의'는 미국의 민주주의 실천가 프란시스 무어 라페가 『살아있는 민주주의』에서 창안한 개념입니다. 이 책에서 라페는 우리가 익히 알고 있는 정치체제로서 민주주의의 개념을 넘어, 일상에서 실천하는 삶의 방식으로서 민주주의를 소개하고 있습니다. 현대에는 많은 나라에서 민주주의를 정치체제로 선택하고 있습니다. 하지만 헌법 조문으로 공동체의 통치에 참여할 권리가 주어져 있을 뿐, 실제로 그 권리를 행사하여 모든 사람의 의견과 요구가 공동체의 의사결정과정에 반영되고 있지 못한 현실입니다. 이 문제는 대의민주주의가 제대로 작동하지 못하기 때문이기도 하지만, 더욱 근본적으로 권리 주체인 시민들이 자신의 권리를 자각하지 못하고 그것이 반영될 수 있도록 요구할 힘을 잃은 데 원인이 있습니다.

라페는 시민들이 자신에게 주어진 힘을 자각하지 못하게 하는 요인으로 사회적으로 조장된 두려움과 무기력을 꼽습니다. 인간은 원래 이기적인 존재이기 때문에 자신의 문제만 잘 챙기면 된다는 잘못된 믿음, 우리가 함께 마주한 공적인 문제는 개개인이 아무리 애써도 해결되지 않을 것이기 때문에 그 문제로부터 생기는 피해를 각 개인이 최소화하기 위해 각자도생할 수밖에 없다는 빈약한 관념. 이런 관념은 공적으로 해결하여야 할 문제를 계속 방치해서 피해를 키우는 결과를 만듭니다. 인간을 왜소한 존재로 규정하고 실제로 그렇게 만드는 이러한 무기력의 소용돌이가 사회문화적으로 우리 안에 깊이 침투하여, 공동체의 문제를 가장 효과적으로 해결할 수 있는 문제해결장치인 민주주의가 제대로 작동하지 못한다고 라페는 진단합니다. 이것이 살아있는 민주주의와는 대척점에 있는 죽어있는 민주주의, 앙상한 민주주의입니다.

반면, 살아있는 민주주의는 인간의 선의지에 대한 믿음으로부터 시작합니다. 인간은 모두 선을 행할 의지를 가지고 있고 또 그것을 실천할 능력과 힘도 적절한 과정을 통해 길러질 수 있는 존재라는 믿음. 우리가 시민으로서 잠재성을 지니고 있다는 이러한 '풍요'를 전제로 한 살아있는 민주주의는, 우리가 가진 시민으로서 역량과 권리를 어떻게 조직하여 문제를 해결하는 힘으로 발현하고 실천할 것인지를 고민합니다. 이것은 우리가 우리 삶에서 당면한 문제를 공적으로 해결할 수 있도록 힘과 용기를 북돋아주는 '희망의 소용돌이'로 작용하며, 공동체를 더 정의롭고 풍요로운 사회로 함께 만들어갈 수 있도록 하는 원동력이 됩니다.

1부 1장에서는 먼저 살아있는 민주주의를 실천하는 국내외 사례를 통해, '살아있는 민주주의는 무엇인가?'라는 물음에 대한 답을 알아봅니다. 이어지는 2장에서는 우리나라의 구체적 현실에서 왜 살아있는 민주주의가 필요한지, 특히 청소년에게 민주시민 교육이 필요한 이유를 청소년이 겪고 있는 삶의 문제와 함께 살펴봅니다. 마지막으로 3장에서는 이미 우리나라에서 오래전부터 아이들에게 '함께 살아가기'

로서 살아있는 민주주의를 실천할 수 있게 하는 교육이 가
장 절실하다고 주장해오신 이오덕 선생님의 생각을 살펴보
며, 구체적인 삶에서 실천할 수 있는 삶의 기술로서 살아있
는 민주주의가 지닌 모습을 알아보겠습니다.

1

○○○○○○○○○

살아있는 민주주의란
무엇인가?

세계 곳곳에서 찾을 수 있는
살아있는 민주주의의 모습

테러방지법 통과를 막기 위한 릴레이 필리버스터, 기억하시나요? 우리에게 생소한 단어 '필리버스터'는, 다수정당의 일방적 표결을 막기 위한 소수정당의 합법적 의사진행 방해 행위를 뜻합니다. 필리버스터는 고대 로마에서 시작되었으며, 근대에 들어 선진 의회주의 국가에서 널리 사용되며 다수결 원칙을 보완하는 상징적인 제도로 자리 잡았습니다. 한국은 2012년 국회선진화법 개정과 함께 필리버스터를 정식으로 도입했습니다.

필리버스터의 의의를 단순히 해당 법안의 통과를 막을 수 있는 것으로 판단해서는 안 됩니다. '필리버스터'라는 제도의 진정한 의의는 관련 법안과 민주적 절차에 대한 시민의 관심을 불러일으키는 데 있기 때문입니다. 필리버스터는 소수정당에 권력을 부여하는 것이 아니라, 정당성을 호소할 기회를 주는 제도입니다. 특정 의원들이 나와 '연설'하는 형태를 취하지만, 국민에게 해당 문제에 관한 관심과 논의를 촉구하는 엄밀한 의미의 '토론'입니다. 토론은 서로 질문을 던지고 논의의 새로운 지평을 발견해가는 과정이기 때문입니다. 따라서 지금 중요한 것은 특정 법안의 표결 여부가 아니라 필리버스터로 모인 관심을 더 넓은 의제로 확대하고 토론을 일상화할 방법을 찾는 것입니다.

필리버스터와 관련해 관심을 끌었던 인물이 있습니다. 바로 미국의 정치인 버니 샌더스입니다. 샌더스는 수십 년간 민주사회주의자를 자청하며, 무소속으로 활동해온 미국 정치계의 아웃사이더입니다. 그는 2010년 부자 감세안의 2년 연장 법안 처리를 반대하며 8시간 37분간 필리버스터를 진행한 바 있습니다. 그러나 샌더스의 필리버스터 연설보다 주목해야 할 것은 그가 40여 년간 펼쳐온 정책과 정치적 소신입니다. 샌더스는 미국의 경제적 불평등을 해소하고 노동자의 권리를 향상하기 위한 정책을 꾸준히 제안해왔습니다. 그의 뚝심 있는 정치 행보 뒤에는 거대 정당이나 기업이 아닌 풀뿌리 지지자들의 신뢰가 있습니다. 샌더스는 과거 선거에서 5% 이하의 득표율을 기록하며 숱하게 패배할 때에도, 지역주민의 목소리를 듣기 위해 언제나 발 빠르게 움직였습니다.

2016년 제45대 미국 대통령 선거를 위한 민주당 경선 당시 샌더스가 그렇게 주목을 받은 것도 같은 이유입니다. 그는 평범한 유권자들에게 호소하면서 지지를 다졌습니다. 불공정한 공공서비스 운영을 비판하고, 재산세 개혁을 외쳤으며, 저소득층 자녀를 위한 치과 치료 정책을 제안했습니다. 중요한 의제는 고급 만찬회가 아니라, 저소득층과 노동자들의 고충을 듣는 자리에서 만들어졌습니다. 샌더스는 선거 운동을 하는 동안 버몬트 주의 거의 모든 카운티를 돌아다니며 주민들과 함께하는 토론회를 개최했습니다. 이 토론회를 통해 주민들이 자신에게 필요한 정책이 무엇인지 고민하고, 어떤 정치인을 뽑을 것인지 토론하게 했습니다. 그러자 기존에 논의 안건으로 올라오지 못하던 복지제도들이 관심을 받기 시작했습니다. 선거 경쟁자들도 덩달아 샌더스의 의제를 중요하게 다룰 수밖에 없었습니다.

'필리버스터'라는 절차 자체는 한시적인 이벤트로 끝날 수 있습니다. 이 불씨를 지켜가는 것은 시민의 몫입니다. 정치인들이 테러방지법뿐 아니라 앞으로 자신이 만들어갈 정책, 그리고 자신이 지향하는 가치에 대해 밤낮을 가리지 않고 열띤 토론을 벌이도록 요구해야 합니다. 그러한 토론이 국회는 물론이고 마을과 소모임 곳곳에서 함께 이루어져야 합니다. 우리 사회 평범한 이들의 목소리로 채워지는 무제한 토론은 10시간, 10년, 100년이 넘도록 계속되어야 합니다. 그러한 문화를 통해 우리는 진정한 민주주의의 발전을 이룰 수 있을 것입니다.

이러한 열린 토론의 장을 혁명의 도구로 훌륭하게 사용한 곳도 있습니다. 바로 쿠바입니다. 쿠바 혁명에 대해 이야기하려면 지난 2016년 11월 25일, 90세의 나이로 세상을 떠난 쿠바 혁명 지도자 피델 카스트로 전 국가평의회 의장의 이야기를 빼놓을 수 없습니다. 그는 쿠바를 해방시킨 전설적인 혁명가라는 찬사와 49년에 이르는 기간 동안 쿠바를 통치한 폭압적인 독재자라는 비난을 동시에 받고 있지만, 지난 세기에 걸쳐 세계인에게 가장 깊은 인상을 남긴 지도자 중 한 사람이라는 것은 틀림이 없습니다.

피델 카스트로는 1959년 혁명가 체 게바라 등과 함께 쿠바의 바티스타 독재 정권을 무너뜨리고 혁명에 성공합니다. 당시 쿠바는 미국의 정치·경제 질서에 종속되어 소수의 부자를 제외한 대다수 국민이 지독한 가난과 실업에 허덕였고, 위생과 건강 상태도 나빴으며, 교육 수준도 현저히 떨어져서 문맹률도 높았습니다. 정치권은 이러한 국민의 삶에 관심이 없었습니다. 결국 피델 카스트로를 비롯한 혁명가들은 이 같은 현실을 바꾸고자 혁명을 일으켰고, 처음엔 소수였지만 국민들의 자발적인 참여가 이어지며 강고했던 독재 정권을 끝내 무너뜨렸습니다.

쿠바의 혁명과 관련해 흥미로운 것은 당시 국민들이 가장 많이 읽었던 책 중 하나가 빅토르 위고의 『레 미제라블』이라는 사실입니다. '레 미제라블'은 '비참한 사람들'이라는 뜻으로 프랑스 혁명기에 가난으로 비참한 삶을 살던 사람들의 모습과 이들이 일으킨 혁명을 그린 소설입니다. 쿠바의 국민들은 이 소설을 읽으면서 자신들이 처한 현실을 돌아보고, 새로운 세상에 대한 혁명을 꿈꿀 수 있었습니다. 이들의 지지와 도움이 없었더라면 혁명은 결코 성공할 수 없었을 것입니다.

이처럼 사회 변화에서 가장 중요한 것은 한 사람의 위대한 지도자가 아니라 평범한 사람들의 인식과 가치관입니다. 일반 국민들이 자신이 사는 세계를 어떻게 이해하고, 어떤 세상을 희망하느냐 하는 것이 그 사회의 미래를 결정합니다.

혁명 이후 쿠바는 미국의 경제 제재 속에서 여전히 세계에서 가난한 나라 중 하나로 손꼽히지만, 국민 행복지수는 늘 세계 상위권을 차지합니다. 토지 개혁을 통한 부의 재분배와 가난한 이들을 위한 기초 교육 그리고 국민 모두를 위한 수준 높은 무상 의료 정책에 성공했기 때문일 것입니다. 특히 의료의 경우 쿠바는 인구 대비 전 세계에서 가장 많은 의사가 있고, 세계 71개국에 3만여 명의 의사를 파견해 빈민들을 대상으로 한 의료구호 활동에 나서고 있습니다.

공적인 토론과 합의가 이루어지는 '공론장'

한 사회에서 사회 구성원들의 대화와 토론을 통해 합의에 이를 수 있는 공적인 영역을 '공론장'이라고 부릅니다. 공론장이 활성화될 때 시민사회가 성숙하고, 사회는 변화하게 됩니다. 특히 이런 공론장은 사람들이 사는 현실이 고통스러워서 정권 및 국가 대한 분노와 저항이 결합할 때 폭발적으로 큰 힘을 발휘합니다. 한국 또한 이런 공론장이 활성화될 때 사회적 변화를 경험해왔습니다. 무능하고 부패한 정부와 외세에 분노한 '동학농민운동', 외세 침략에 저항했고 독립을 외쳤던 '3·1운동', 독재 정권을 타도하고자 했던 '4·19민주화운동'과 '6월 민주항쟁'이 바로 그런 사례들입니다. 촛불집회 역시 한국 사회에서 새로운 공론장의 역할을 하고 있습니다.

그러나 시민들이 만드는 공론장, 그리고 혁명은 단순히 분노에 그쳐서는 안 됩니다. 동화작가 권정생은 "혁명가란 따로 있는 것이 아니다. 잘못되고 공정치 못한 일이면 스스로를 희생해서라도 바로 고쳐 나가는 사람이다. 개인의 사소한 일이나 사회와 국가의 일 모두가 이와 같은 것이다. 그것이 사람이 공부하는 마지막 목표다"라고 말한 바 있습니다. 분노를 넘어 정의로운 사회를 만들기 위해 우리는 공부하고 또 함께 소통해야 합니다.

혁명은 하나의 소원이며, 사람들의 희망이 모여 현실을 바꾸어가는 과정입니다. 그러므로 그런 혁명이 일어나는 공론장이란 우리가 꿈꾸는 세상, 모두가 잘사는 세상, 평화로운 세상, 다양성을 존중하는 세상, 자연과 인간이 공존하는 세상, 사람들이 누구나 행복한 세상, 바로 그런 세상에 대한 간절한 염원이 모이는 곳입니다. 정의로운 세상은 결코 그냥 오지 않으며, 소수에 의해서 가능한 것도 아닙니다. 우리 사회에서 '잘못되고 공정치 못한 일'을 함께 고쳐 나가는 공론장을 열고, 이를 통해 사람들의 마음이 조금씩이라도 모일 때, 비로소 우리는 행복한 세상에 한 걸음 더 다가갈 수 있을 것입니다.

우리나라의 살아있는 민주주의,
그 사례와 가능성

우리나라에서도 국민이 투표장에서만 주권을 가지는 것이 아니라 일상에서도 정치적 결정에 영향을 미칠 수 있는 '직접민주주의'와 아래에서부터 의견이 모여 올라오는 '상향식' 시스템에 대한 요구가 날이 갈수록 높아지고 있습니다. 하지만 복잡한 현대 사회에서 수많은 사람들이 모두 정치에 참여하는 것은 불가능하기 때문에 현재의 정치 구조는 어쩔 수 없다는 반론도 여전히 존재합니다.

그러나 시민들이 직접 정치에 참여할 수 있는 어플리케이션 '데모크라시 OS'를 개발해 400여 개의 법안에 시민들이 토론과 표결을 하도록 한 아르헨티나의 피아 만시니는 우리가 살고 있는 디지털 시대에는 직접민주주의가 얼마든지 가능하다는 것을 보여줍니다. 무엇보다도 이미 세계 곳곳에서 디지털 기술을 이용하여 시민들이 직접 참여하여 목소리를 내는 직접민주주의는 이뤄지고 있습니다. 한국에서도 2016년 10월 6일 국내 최초로 정치 스타트업 단체인 '와글'이 시민들의 법안 발의 플랫폼 '국회톡톡'을 개발한 바 있습니다. 시민 누구나 법안을 발의할 수 있으며, 여기에 1,000명이 동의하면 이 법안과 관련된 국회의원과 연결되는 구조로 되어 있습니다.

뿐만 아니라 정치적 이슈를 다루는 뉴스와 시사 프로그램의 시청률이 껑충 뛰어오르고, 투표에 대한 '인증사진'까지 언급되는 등 국민의 정확한 의사와 정서의 반영이 어려웠던 과거와 달리 국민들의 정치적 요구를 반영할 다양한 방안이 생겨나고 있습니다.

우리나라의 역사를 돌이켜보면 언제나 민주주의를 발전시킨 것은 깨어있는 시민들의 힘이었습니다. 지금 대한민국은 급격한 역사적인 순간을 맞이하고 있습니다. 주인은 책임을 지는 사람입니다. 우리는 이 국가의 주인으로서 이 땅의 민주주의가 여기까지 뒷걸음질친 것에 대해 책임을 져야 합니다. 이제는 정말로 한 개인, 혹은 소수만을 위한 대한민국이 아니라 우리 모두를 위한 나라를 만들어가야 하는 것입니다. 평범한 시민들의 힘으로 여는 새로운 민주주의, 시민들이 자랑스

럽고 행복하다고 느낄 수 있는 그런 대한민국을 그려봅니다.

프란시스 무어 라페가 말하는
'살아있는 민주주의'란 무엇인가?

프란시스 무어 라페는 자신의 책『살아있는 민주주의』에서 정치와 권력이라는 개념을 근본적 차원에서 재정의합니다. 그녀에 따르면 정치란 우리가 일반적으로 인식하는 것처럼 특정 지역에서 특정 권한을 위임받은 사람만이 할 수 있는 것이 아닙니다. 정치는 본래 공동체의 일원으로서 그 공동체가 나아가야 할 방향과 결정 사안에 관해 자신의 의견을 말하고, 그 의견들을 종합해 최선의 결정을 내릴 수 있도록 하는 과정에 참여하는 것을 뜻하기 때문이죠. 따라서 국가의 주인인 국민이 대표자를 정하는 것을 넘어 일상의 곳곳에서 진정한 의미의 정치를 실천할 때, 우리가 염원하는 정의로운 사회도 현실이 될 수 있다고 말합니다. 하지만 이는 어떻게 가능할까요? 불행히도 우리는 투표나 집회 외에 정치적 과정에 참여할 방법을 잘 알지 못합니다. 배운 적이 없기 때문이죠. 라페는 이 문제를 해결하고자 일상에서 실천할 수 있는 민주주의 기술들을 소개합니다. 그녀가 소개하는 기술들은 상대방 말을 귀 기울여 듣기, 창조적으로 논쟁하기, 중재하기와 협상하기, 정치적 상상력 발휘하기, 공적 대화의 장에 참여하기, 함께 결정 내리기 등 일상적이지만 우리가 애써 배우지는 않았던 삶의 기술들입니다. 민주주의를 일상에서 실천할 이러한 기술들을 익히는 것은 또한 잃어버린 권력을 다시 손에 쥐는 것과도 같습니다. 이렇듯 우리가 일상에서 민주주의를 실천함으로써 선한 권력을 행사할 때, 나아가 내 삶의 주인이자 공동체의 주인으로서 영향력을 발휘할 때, 우리는 더 이상 스스로를 부패한 정치의 무력한 피해자로 느끼지 않아도 됩니다. 훌륭한 지도자를 기다리다 절망하기를 반복할 필요도 없어집니다. 살아있는 민주주의에서 희망이란 미래에 일어날 법한 일에 대한 막연한 기대가 아니라, 변화의 실천 속에서 솟아나는 삶의 에너지와도 같은 것이죠. 그러므로 살아있는 민주주의를 실천할 때, 희망은 다름 아닌 우리 자신입니다.

우리는 라페의 살아있는 민주주의 개념을 통해 민주주의를 하나의 습득된 삶의 기술로, 혹은 조직을 구성하는 실천으로 생각할 수 있습니다. 타인에게 다가가고, 자신의 생각을 표현할 줄 알며, 사람들의 말에 경청할 수 있는 능력 말입니다. 우리는 모두 이러한 능력을 습득할 잠재성을 지니고 있습니다. 그를 통해 사람들과 충돌을 일으키고 대립하는 방식이 아니라, 혹은 자기만의 이익을 챙기는 이기적인 삶이 아니라, 타인에게 다가가고, 자신의 생각을 표현하고, 말할 수 없는 자들의 목소리에도 귀 기울이는 것과 같은 기본적인 삶의 기술로 당면한 시대적 문제를 해결해 갈 수 있습니다.

희망은 동사다

우리는 종종 사랑이나 평화와 같은 고귀한 가치들을 저기 너머에 있는, 그래서 늘 갈망해야 하는 그 무엇으로 생각합니다. 바로 그것이 우리가 가진 가능성입니다. 모든 인간은 그 자신 안에서 협력과 공감, 그리고 공평함에 대한 깊은 갈망이 있습니다. 그런데 우리가 살고 있는 문화는 "아니야, 너는 그러한 본성을 표현해서는 안 돼. 넌 돈을 벌어야 하고, 또 경쟁에서 이겨야 해"라고 부추기고 있습니다. 그래서 사람들에게 본성을 회복하여 본연의 모습이 될 수 있도록 용기를 북돋아 주어야 하는 것입니다. "여러분은 바뀌어야 합니다"라고 강요하는 것이 아닙니다. 인간 본성을 연구해보면 모든 인간은 본능적으로 협력과 공감, 그리고 공평함에 대한 깊은 갈망이 있습니다. 바로 여기에 행복이 있습니다. 이러한 노력을 실천하는 것은 본성을 바꾸어야 하는 힘들고 이상적인 것이 아닙니다.

하지만 이는 물론 배워야 하는 것이기도 합니다. 일종의 아이러니죠. 자연스레 타고나는 것이지만, 동시에 배워서 습득해야 하는 것이기도 하니까요. 특히 이렇게 "안 돼, 안 돼, 안 돼"만을 반복하는 사회에서는 우리의 깊은 욕망을 표현하는 일은 매우 중요한 일이라고 할 수 있습니다. 이러한 배움은 어려서부터 이루어져야 하고, 또 우리의 자녀를 어떻게 키울 것인가와도 관계가 있습니다.

희망이란 세상에 있는 증거들을 찾아서 "오, 나는 이렇게 어떤 것들이 이루어질지 증명할 수 있어"와 같은 방식으로는 설명할 수 없는 것입니다. 우리가 참여하고 자신의 한계를 극복하려고 노력할 때, 그리고 함께 길을 걸어갈 사람들을 발견하고, 또 세상에 새로운 무언가를 창조할 수 있는 시각을 지니게 될 때, 우리 자신이 그 희망이 됩니다. 따라서 희망이란 행동하는 것입니다. 살아있는 민주주의도, 희망도 역시 동사^{verb}입니다. 존재의 상태를 말하는 것이 아니라, 변화하는 행동을 말하는 것입니다. 이것은 도전입니다. 누구에게나 내리막도 있고,

오르막도 있는 것입니다. 하지만 이를 통해 우리는 늘 살아있음을 느끼고, 늘 깨어 있게 되고, 늘 배울 수 있고, 늘 멋진 사람들을 만나게 되고, 새로운 질문들을 갖게 되는 것입니다. 그것보다 더 좋은 것이 세상에 무엇이 있을까요? 우리는 이러한 경험을 하고 느끼며 살아가야 합니다. 이것이 살아있는 민주주의입니다.

2

○○○○○○○○○

왜 살아있는
민주주의가 필요한가?

우리는 민주주의를 배운 적이 없다

한 청소년이 학교의 급식회의라는 것을 소개해주었습니다. 급식회의
는 한 달에 한 번 각반의 반장과 학생회 임원이 자율적으로 참석하여
진행하는데, 학교 급식을 먹는 주체인 학생들이 직접 불만사항과 개선
방안을 제시할 수 있도록 해 더 질 높은 급식을 제공하는 것을 목적으
로 하는 제도입니다. 급식회의는 꽤 활발히 진행되고 있으며, 실제로
이 회의 덕분인지는 알 수 없지만 학교의 급식은 상당히 괜찮은 편이
라고 합니다.

　사실 학교의 주체는 학생이라고 할 수 있음에도 불구하고, 대부분의
학교에는 이렇게 학생들이 직접 참여해서 무언가를 결정하고, 변화시

킬 수 있는 제도가 거의 없습니다. 그래서 학생들은 '우리가 아무리 이야기를 해봤자 변하는 것은 없다'며 불평하곤 합니다. 앞서 급식회의의 사례를 얘기한 청소년 역시, 이러한 제도가 있더라도 더 나은 급식을 위한 발전의 기회이자 권리를 보장받을 수 있는 장으로 활용하고 있지는 않은 것 같다고 걱정합니다. 급식회의 참여자들이 회의 참여를 그저 반장이라는 직책에 딸려 오는 하나의 특권으로 인식하고 있을 뿐이며, 이 회의는 단지 '내가 좋아하는 반찬이 더 많이 나올 수 있도록 요구하는 시간'인 듯하다는 것입니다.

급식회의에 모든 학생들이 참여할 수 있다면 가장 좋겠지만, 시간과 절차, 비용 등의 현실적인 문제를 생각하면 거의 불가능합니다. 때문에 반장이라는 내표자의 자격으로 공동의 의견을 대변해야 하는 자리에 서게 되었다면, 정말로 공동체를 대변하는 역할을 해내야만 합니다. '회의에 꼬박꼬박 참석하여 간간히 자신의 의견을 내는' 정도로는 곤란합니다.

그러나 이 문제를 단순히 몇몇 학생들의 책임감 없는 행동이라고 말할 수는 없습니다. 오늘날 청소년은 학교에서 민주주의에 대해 이론적인 부분만을 배울 뿐, 정치적 참여 영역에서 배제되어 있어 이를 실천해볼 기회 역시 적기 때문입니다.

국민의 권력을 행사하는
가장 쉬운 방법, 선거

예를 들어 국회의원 선거를 살펴볼까요? 국회의원 선거는 '총선'이라고도 불리는데, 투표권을 가진 만 19세 이상 국민이 국회의원을 뽑아서 의회를 구성하는 선거입니다. 우리나라 국회의원은 어떤 일을 하는 사람이고 지역구 의원과 비례대표 의원은 어떻게 다른 것인지 어린이나 청소년처럼 투표권이 없는 국민들에게는 그다지 중요하지 않은 문제처럼 느껴질 가능성이 큽니다.

국회의원은 선거를 통해 선출된 국민의 대표입니다. 이들은 국회에서 헌법과 법률을 고치거나 새롭게 만드는 일을 합니다. 이 밖에도 정부의 예산을 검사하고 수정, 확정하는 일과 국정감사를 통해 국가 운영이 법에 따라 잘 되고 있는지 감시하기도 합니다. 따라서 국회의원에게는 법, 행정, 경제, 교육, 문화, 복지, 보건 등 사회 전반에 대한 이해와 통찰력이 요구됩니다. 또 많은 권한과 지위가 주어지는 만큼, 이를 남용하여 이득을 취하지 않고 청렴할 의무가 있습니다. 무엇보다 국민의 의견을 대표한다는 책임감과 사명감을 갖고 국가이익을 우선할 수 있어야 합니다. 이러한 국회의원 및 공직자의 의무는 헌법 제7조 1항 "공무원은 국민 전체에 대한 봉사자이며, 국민에 대하여 책임을 진다"라는 조항으로 명시되어 있기도 하지요.

총선에서는 2장의 투표용지에 투표를 하게 되는데, 한 장은 지역구를 대표하는 국회의원을, 다른 한 장은 자신이 원하는 정당에 투표하여 비례대표 의원을 뽑습니다. 정당은 공통의 가치에 합의한 여러 사람이 모여 그 가치에 부합하는 목표를 실현하기 위해 정치활동을 하는 조직체입니다. 비례대표제는 이러한 정당에 직접 투표해서, 기존의 선거가 갖는 문제를 보완합니다. 득표율에 따라 의석을 확보할 수 있어 다수결에 의해 직접 당선이 되지 않더라도 소수파의 의석을 보장하여 의회가 다양한 가치를 대변하는 정당 구성원으로 이루어질 수 있도록 돕는 것입니다.

헌법 제1조에는 '대한민국은 민주공화국'이며, '대한민국의 주권은 국민에게 있고, 모든 권력은 국민으로부터 나온다'는 주권재민의 법칙이 명시되어 있습니다. 그리고 두 번 다시 '권력'이라는 단어는 헌법에서 등장하지 않지요. 헌법 제65조 3항, '탄핵소추의 의결을 받은 자는 탄핵심판이 있을 때까지 그 권한행사가 정지된다'에 근거하여 탄핵소추의 대상이 되는 '대통령·국무총리·국무위원·행정각부의 장·헌법재판소 재판관·법관·중앙선거관리위원회 위원·감사원장·감사위원 기타 법률이 정한 공무원'들은 국민의 권력을 대신해 '권한'을 행사할 뿐, 직접적인 권력이 주어지지는 않는 것입니다.

따라서 선거는 가장 효과적이고 뚜렷하게 주인으로서 국민의 권력을 행사할 기회입니다. 우리의 의사를 대변해줄 수 있는 의원을 직접 선출하는 것은 물론, 각 제도에 대한 평가를 내릴 수도 있기 때문입니다. 국회의원을 뽑는 것은 또한 시민들의 삶과 사회의 변화와 직결되며 얼마나 더 좋은 사회로 나아갈 것인지 결정하는 것이기도 합니다. 그래서 한 표를 행사할 수 있는 '보통선거'를 위해 수많은 사람이 목숨 걸고 싸웠던 것입니다.

청소년에게는 투표권이 없지만 앞으로 몇 년간 삶의 방향을 이끌어갈 대표들을 선출한다는 것은 청소년에게도 무척이나 중요한 사건입니다. 그러나 어떤 청소년은 너무도 많은 후보와 공약을 읽다 지쳐버린다고 고백합니다. 짧은 플래카드의 문구로는 그 후보가 중요시 여기는, 그래서 사회에 뿌리 내리고자 하는 가치가 무엇인지 이해할 수 없을뿐더러 선거일이 코앞으로 다가오기 시작하며 들려오기 시작하는 공약 노래는 눈살을 찌푸리게 하는 소음과 같다고 합니다. 심지어 '내게 투표권이 있는 것도 아닌데 이렇게 고민해서 뭘 한담. 올바른 선택을 하는 것은 너무나도 어려운 것 같은데 올해 투표권이 없어서 오히려 다행이다'라는 생각까지 들었다고요.

그러나 순간적으로 머리를 스쳐지나간 생각에 오히려 뜨끔하게 되었다고 합니다. 스스로 살아가고 싶은 삶과 사회가 어떤 모습이길 바라는지 항상 고민하면서도 투표권이 없어서 다행이라는 생각은 모순되니까요. 투표는 간접적이지만 민주주의 사회가 모든 국민에게 부여하는 의무이자 권리입니다. 투표를 통해 나를 대표할 대표자를 뽑는 권리를 포기한다는 것은 단지 정치에 무관심하다는 뜻이 아니라 자신의 인생을 소중히 여기지 않는다는 뜻과 다를 바 없다고 단호히 말합니다. 또 앞으로 살아가게 될 사회에 대한 무관심은 자신에게 주어진 빽빽하고도 커다란 틀 안에서 단편적인 자유만을 누리고 살아가고 싶다는 선언과도 같다고 합니다.

국가와 국민의 이익을 가장 잘 대변할 수 있다고 생각하는 정당과 후보를 찾고 투표하는 것은 소중한 국민의 권리이자 의무입니다. 물론 만 19세가 되지 않은 국민에게는 아직 투표권이 없지만 그렇다고 이들에게 선거가 아무 의미 없는 것은 아닙니다. 이들이야말로 미래의 유권자로 앞으로 만들어질 제도와 사회의 주인공이기 때문에 결코 선거에서 소외되어서는 안 될 것입니다. 세계에서 가장 행복한 국가 1위로 꼽히는 코스타리카에서는 어린이와 청소년을 대상으로 한 투표를 실시하기도 합니다. 어른들과 똑같은 투표장에서 일반적인 투표보다 앞서 진행되는 어린이 투표는 실제 결과에 영향을 미치는 것은 아니지만, 아이들이 어릴 때부터 선거에 관심을 갖게 하고 미래 유권자들의 선택을 각 정당과 국회의원들에게 알리는 역할을 합니다. 투표권이 없거나 소수의 의견까지도 최대한 반영할 수 있는 노력의 일환입니다.

좋은 정부와 좋은 사회를 만드는 성숙한 시민의식은 투표권을 가지게 되거나 선거기간이 되어 하루아침에 생기는 것이 아닙니다. 어릴 때부터 민주주의의 원리와 가치에 대해 이해할 수 있도록 교육하고 평소에도 시민들이 자유롭게 정치적 의제에 대해 이야기하고 관심을 가질 때 비로소 살아있는 민주주의가 우리 사회에 뿌리내릴 수 있습니다.

삶 속에서 부재한 민주주의

선거는 우리가 민주주의를 실천할 수 있는 가장 대표적이고 간단한 방법이지만, 그것이 전부는 아닙니다. 결코 수백 명의 국회의원과 자치단체장이 수천만 국민의 구체적인 삶의 문제를 모두 해결할 수 없기 때문입니다. 그래서 우리 삶에 직접 맞닿아 있는 지역 문제에 관심을 기울이고 참여하는 것이 중요합니다. 그러나 우리의 생활 속에서는 이러한 민주주의의 원리가 제대로 작동하고 있지 않는 경우가 많습니다. 부산시 기장군 해수담수화 수돗물 공급 문제와 관련한 갈등을 살펴볼까요? 해수담수화란 사막이 많은 중동 지방처럼 민물이 부족한 지역에서 바닷물을 민물로 바꾸어 마실 수 있게 만드는 과정을 의미합니다. 2013년, 부산시 상수도사업본부는 기장군 근처 바닷가에 하루 4만 5천 톤의 수돗물을 생산할 수 있는 해수담수화 시설을 완공했습니다. 이 수돗물을 기장군에 공급하는 것만 남겨둔 상황에서 기장군 주민들이 이에 반대하고 나선 것이 갈등의 시작이었습니다.

부산환경운동연합이 공개한 설문조사 결과, 해수담수화 수돗물이 공급될 예정이었던 지역에 사는 주민들의 60.8%가 수돗물 공급에 반대하는 것으로 나타났습니다. 반대하는 이유로는 '방사능 오염 우려'가 71.2%로 가장 높았고, '우리 지역만 실험 대상이 된 것 같아서'라는 응답이 16.6%, '주민들의 의사와는 무관하게 결정했기 때문'이라는 응답이 5%로 뒤를 이었습니다. 이처럼 대다수 지역 주민이 해수담수화 수돗물로 인한 방사능 오염에 대해 우려하는 이유는 기장군 바닷가에서 11km 떨어진 곳에 핵발전소 6기가 가동되고 있기 때문입니다. 핵발전소에서는 꾸준히 기체 및 액체 상태의 방사성물질이 바다와 공기 중으로 배출되고 있고, 2014년 10월, 법원에서 핵발전소가 인근 주민들의 갑상샘암 발병에 영향을 미쳤다는 판결을 내린 적이 있습니다. 이처럼 핵발전소에서 발생하는 방사성 물질은 정화를 아무리 하여도 소멸하지 않기 때문에 핵발전소 주변의 바닷물을 담수화한 것에 대해 지역 주민들의 불안감이 매우 높은 것입니다.

문제는 이러한 해수담수화 수돗물 공급 사업은 그 수돗물을 마시게 될 주민들의 의견수렴 없이 진행되었다는 점입니다. 어느 기장군 주민은 이 사업에 대하여 여태까지 아무 말도 듣지 못하다가 짤막하게 나오는 뉴스를 통해 알게 되었다고 했습니다. 그러면서 나중에 보니 이미 공사가 다 돼 있어서 "물만 틀면 되는 상태"였다며 물을 마셔야 하는 당사자에게 이런 경우가 어디 있느냐고 억울함을 토로했습니다. 이렇듯 주민들의 삶에 커다란 영향을 미치는 사업을 주민들에게 알리거나 묻지도 않고 추진하는 일이 한국 사회에서 자주 있었고, 그것이 결국 사회적 갈등을 초래해왔습니다. 전북 부안에서 있었던 방사성 폐기물 처리장 유치 문제, 제주 해군기지 건설 문제, 밀양 송전탑 건설 문제 등 그러한 예는 무수히 많습니다.

민주주의의 부재가 만든
최순실 국정농단 사태

무엇보다 살아있는 민주주의에 대한 요구는 오늘날 우리나라를 뒤흔든 '최순실 국정개입' 사태에서 찾을 수 있습니다. 2016년 가을, 최순실이라는 한 개인이 국정에 비밀스러운 영향력을 행사하고 있다는 의혹이 사실로 밝혀졌습니다. 대통령 연설문을 미리 받아보고 고친다거나 외교 및 안보에 관한 중요한 기밀을 보고받았으며, 정부 요직의 인사를 결정하는 것 등 수많은 주요한 정치적 사안에 개입했다는 증거가 드러난 것입니다. 또한, 자신의 권력을 이용하여 재단을 세우고 대통령을 통하여 기업으로부터 수백억에 이르는 돈을 받아냈으며, 가족과 친지는 각종 특혜와 특권을 누려왔다는 혐의도 받고 있습니다.

민주주의 국가에서 국민에 의해 선출된 대통령과 공식적으로 임명된 공직자가 아니라 숨겨진 사람이 뒤에서 정치에 관여하는 '정치권한의 사유화'는 있을 수 없는 일이며, 있어서도 안 되는 일입니다. 그러나 이 같은 상황이 버젓이 일어나고 있었던 것에 대해 시민들은 분노와 허탈, 무력감을 느낄 수밖에 없습니다. 이에 일상적인 대화에서부터 1인 시위나 거리 시위, 시국선언문 발표 등 다양한 방법으로 진실 규명과 정치쇄신을 요구하고 있습니다.

그렇다면 이런 문제가 왜 발생했고, 어떻게 하여 지금에 이르게 된 것일까요? 여러 정치학자의 지적 중에는 '대의민주주의' 한계에 대한 문제 제기도 있습니다. 민주주의에서는 다수결에 의하여 선출된 소수가 다수를 대표하여 정치를 하게 됩니다. 이때 한번 당선되고 나면 더 이상 국민의 뜻을 반영하지 않더라도 권력을 유지할 수 있기 때문에 권력을 남용하거나 악용할 여지가 다분합니다. 또한, 여러 정치적 의사결정을 할 때 국민의 뜻을 반영하기보단, 대표자들이 위에서 결정하고 국민이 아래에서 따르게 하는 '하향식' 시스템을 적용하고 있습니다. 그러다보니 국민은 정치와 점점 멀어지고, 냉소하게 된 것입니다. 국민의 견제와 감시를 받지 않는 권력은 부정과 부패에 연루되기 쉽고, 정치가 바로 서지 못하면 그 피해는 모두 국민에게 돌아옵니다.

그래서 이번에 대통령이 탄핵된 사건은 정치인과 시민 모두에게 강력한 인상을 남겼습니다. 박근혜 대통령 탄핵안이 국회에서 통과된 12월 9일은 공교롭게도 UN이 정한 세계 반부패의 날입니다. 세계에서 벌어지는 각종 뇌물, 횡령, 사기 등의 부패 행위를 막기 위해 제정한 기념일로, 2003년 12월 9일, 여러 국가가 동시에 관련된 부패문제를 국제법으로 처벌할 수 있도록 방안을 마련한 것에서 비롯했습니다.

우리나라에서 대통령에 대한 탄핵안 가결은 헌정 사상 두 번째였습니다. 대통령이 탄핵되었다는 것은 어떤 의미이고, 어떤 절차를 거쳐야 하는 것일까요? 탄핵은 대통령과 같은 고위 공직자들이 위법 행위를 저질렀을 때, 처벌하거나 파면시키는 제도입니다. 이를 위해, 국회

가 법원에 대통령의 행위에 대한 심사를 신청하는데, 이를 소추라고
합니다. 헌법상, 대통령은 내란 또는 외환의 죄가 아닌 이상 처벌을 받
지 않기 때문에 일반 사법기관에서 대통령의 죄를 따질 수 있는 거의
유일한 방법인 셈입니다. 세계의 많은 정치학자들은 이 탄핵의 권리가
대의제로 이루어지는 현대 민주주의 사회에서 국민의 권리를 보장하
는 중요한 수단이라고 말합니다.

　탄핵을 하기 위해서는 국회에서 탄핵소추안을 두고 투표를 해야 하
는데, 탄핵소추안을 투표할 안건으로 올리는 것에는 재적의원의 1/2,
통과를 시킬지 가부를 두고는 2/3 이상이 찬성을 해야 합니다. 당시
우리 국회의 재적의원은 총 300명으로 그중 200명 이상이 동의해야
가결될 수 있었는데, 결과적으로는 234명의 국회의원이 찬성표를 던
졌습니다. 이렇게 탄핵소추안이 통과되면, 헌법재판소의 결정이 날 때
까지 대통령의 권한이 정지되고, 국무총리가 그 일을 대신하게 됩니
다. 이후 국회가 제출한 탄핵소추안을 헌법재판소에서 집중 심리하게
되는데, 이는 과연 탄핵의 이유가 정당한지, 정당하다고 할지라도 대
통령의 자리에서 물러나야 할 만큼 심각한 것인지 법적으로 따져보는
것입니다. 이를 판단하는 재판관은 총 9명으로, 이 중 6명 이상이 합헌
이라는 판결을 내리면, 비로소 대통령은 탄핵되고, 새로운 대통령을
뽑기 위한 선거를 하게 됩니다.

　탄핵소추안이 가결되면 모든 국정이 거의 중단되고, 국민의 손으로
뽑았던 대통령을 다시 심판해야 하는 것이기에 쉬운 결정은 결코 아
니었습니다. 그래서 탄핵안에 대한 찬성표가 예상보다 더 많은 수였다
는 점도 주목을 받았습니다. 이런 결과에 닿을 수 있었던 가장 큰 이유

는 국민들의 적극적인 의사 표현과 정치 참여가 여러 국회의원의 마음에 변화를 일으켰다는 것입니다. 이번 탄핵을 앞두고 국민들은 거의 매일을 거리에 나와 촛불집회에 참여했습니다. 국회의원들은 거리에서, 각 당 당사 앞에서, 개별 국회의원 사무실 앞까지 찾아와 소리치는 국민들의 목소리를 외면할 수 없었을 것입니다. 특히 이번에는 국회의원들의 전화번호가 노출되어 몇몇 국회의원들이 탄핵에 찬성해달라는 수만 건의 문자 폭탄을 받기도 했습니다. 국민의 적극적인 정치참여가 정치적 결정을 이끌어낸 것입니다.

지금 우리 사회에 살아있는
민주주의 교육이 필요한 이유

그런데 이처럼 국가에 중대한 일이 생겼을 때, 특히 학생들을 가르치는 선생님들의 고민과 자녀를 둔 부모님들의 고민이 크다고 합니다. 아이들이 알아야 하는 중요한 사건이지만, 민감한 사안이라 어떻게 이야기해야 할지 모르겠다는 것입니다. 한 인터뷰에서 어떤 선생님은 학생들이 학교에서 정치적인 이야기를 할 때, 그냥 웃으면서 넘어간다고 말했습니다. 학부모들은 이렇게 아이들에게 설명하기 힘든 뉴스는 유해 영상물로 지정되어 아이들이 보지 못했으면 좋겠다고까지 이야기합니다.

우리나라에서는 민주주의를 초등학교 4학년 때부터 배웁니다. 민주주의의 기본개념과 그것을 가능하게 하는 다양한 법칙, 민주주의의 역사 등이 그 내용입니다. 하지만 교과서는 기초적인 설명으로 정치 전반에 대한 개념을 설명하는 데 그칩니다. 그러다 보니 학생들이 현실 정치에 대한 관심을 갖기 어렵고, 재미없고 지루한 과목으로 인식하기 십상입니다. 2015년 수능에 지원한 64만여 명 중 법과 정치 과목을 선택한 학생은 3%에 불과하다는 사실을 이러한 현실을 보여주는 결과입니다.

정치학자 박상훈은 어린이와 청소년이 정치에 직접 참여하는 일이 중요하다고 이야기합니다. 참여해보면 정치에 대한 이해가 늘기도 하지만, 그 자체가 민주주의를 건강하게 하는 민주시민의 실천이기 때문입니다. 하지만 우리 청소년들은 학교 안 자치단체를 꾸리는 것 정도 밖에는 정치에 참여할 기회를 갖기 어렵습니다.

이런 우리나라와는 달리 살아있는 민주주의 교육을 하는 나라가 있습니다. 2014년 국회의원 선거에서 투표율 85.8%를 기록한 스웨덴은 정치 교육은 빠르면 빠를수록 좋다고 말합니다. 이곳의 아이들은 유치원 때부터 민주주의와 투표의 개념을 배우고, 초등학생이 되면 정당의 역사와 철학을 배웁니다. 그리고 자신이 지지하는 정당과 그 이유에 대해서 토론하는 수업을 진행하기도 합니다. 아이들이 어떤 사회에 살고 있고 그곳에 사는 사람들에 대해 이해하며 나아가 더 살기 좋은 사회를 위해 참여하는 법에 대해 공부한다는 것입니다. 미국도 민주주의 교육을 중요하게 생각합니다. 5세 때부터 투표를 가르치고, 대통령 선거 때마다 학생들을 대상으로 선거인 등록부터 투표와 개표 과정을 실제와 가깝게 치르는 모의 선거를 진행합니다. 이 모의 선거의 결과는 실제 결과의 예상 지표가 되는데, 이 과정을 통해 '시민에 의한 권력'인 민주주의를 실제로 이해할 수 있습니다. 즉, 정치란 실제로 체험

해보며 공부해야 하는 것입니다.

이렇게 시민들이 정치의 주체가 되어, 사회적 갈등을 합리적으로 해결한다는 것은 어떤 것일까요? 대표적인 예로 덴마크의 '시민합의회의' 제도를 들 수 있습니다. 이것은 공적으로 중요한 결정을 내릴 때, 관료나 전문가가 아니라 시민이 최종적으로 결정하도록 하는 제도입니다. 덴마크에서는 시민의 삶에 커다란 영향을 끼치는 사업을 추진하고자 할 때, 그 추진 여부를 결정하기 위해 시민합의회의에 참여할 시민들을 모집하고 참가 신청을 한 시민 중에서 제비뽑기로 일정 인원을 선발합니다. 그렇게 선발된 시민들은 몇 차례에 걸쳐서 전문가들의 자세한 설명을 듣고 관련 자료를 검토한 뒤, 텔레비전으로 생중계되는 공개 토론을 하고 결정을 내립니다. 이때 중요한 것은 그 결정이 다수결이 아니라 합의로 이루어진다는 것입니다.

덴마크와 같은 사회에서는 사람들이 국가에 대한 불신도 없고 냉소에 빠지지도 않을 것이며 무엇보다 진정으로 공동체의 일원으로 존재하는 기쁨을 누릴 수 있을 것입니다. 또한, 소통이 되지 않아 발생하는 갈등과 같은 여러 사회적 비용을 줄일 수 있습니다.

따라서 바로 지금이 시민으로서 목소리를 더 크게 내야 할 때입니다. 국민들이 간절히 염원하던 결과대로 대통령이 탄핵되었지만, 그렇다고 결과에 만족한 채 다시 무관심한 이전으로 돌아갈 수는 없습니다. 정치에 참여하고 내가 뜻한 바를 이루어보는 경험은 너무나 소중하지만, 중요한 것은 이 순간 문제를 해결했다는 도취감에 빠져 멈추지 않는 것입니다. 많은 사람과 함께하며 잘못된 것을 바로잡았던 그 기억과 경험을 토대로 나의 영향력이 앞으로 더 선하고 정의로운 방향으로 성장할 수 있도록 노력해야 합니다. 차별과 배제로 목소리를 낼 수 없는 사람이 많은 것도 문제지만, 말할 수 있는데도 자신의 의견을 말하지 않는 사람이 많아질 때, 민주주의는 절대 오지 않는다는 사실을 기억해야 합니다. 여전히 세상 곳곳에서 일어나는 문제에 귀 기울이고, 조금 더 정의롭고 청렴한 우리 사회를 위해 마지막까지 빈 광장을 지킬 수 있도록 우리를 지켜야 할 때입니다. 지금, 우리 사회에 살아있는 민주주의가 필요한 이유입니다.

3

००००००००००

살아있는 민주주의로 가는 길

이오덕 선생님의 '민주시민 교육'

어린이 참교육 실천을 위해 애쓰신 이오덕 선생님은 민주주의는 '함께 살아가기'라고 합니다. 그리고 함께 살아가는 마음을 아이들이 몸으로 익혀야 한다고 하였습니다. 돈과 권력을 가진 사람만이 모든 것을 결정하는 세상, 나 혼자 잘살면 그만이라는 사회 속에서 교육이 나서서 모든 사람이 평등하고 고귀하다는 것을 아이들에게 가르칠 수 있어야 합니다. 이를 통해 평범한 시민 모두가 참여할 수 있는 진정한 민주주의가 올 것이기 때문입니다. 나아가 이오덕 선생님은 이러한 교육법이 특별한 것이 아니라고 말했습니다. 아이들은 다른 사람의 고통을 자신의 아픔처럼 여기는 순수한 마음을 지니고 있으므로 교육이 아이들의 이 마음을 귀한 것이라고 말해 주고 그것을 지키도록 도와주면 자연스럽게 민주주의가 가능하다는 것입니다. 아이들이 자신의 목소리를 자유롭게 이야기하는 것, 그것을 어른들의 잣대로 판단하거나 비판하지 않는 것, 이를 통해 아이들이 자신의 주장을 소중하게 생각한다면 함께 살아가는 민주주의의 길은 한 걸음 더 다가올 것입니다.

'함께 살아가기'로서
민주주의 기술 교육

정치의 주체가 된다는 말은 곧 자신의 본연에 충실한 삶을 산다는 것과 같습니다. 즉, 격정적인 삶을 살고 간 투사들만이 정치의 주인공이 아니라는 것이지요. 일상적인 정치의 주체는 내 삶의 틀을 결정하는 것들에 관심을 가지고 그것에 대한 내 의견을 사회에 반영할 수 있도록 노력하는 일상적인 태도입니다. 그렇기에 정치의 주체는 투표권을 가진 성인에게만 국한되는 것이 아닙니다. 청소년에게는 어떤 방식으로든지 직접적으로 정치에 참여할 기회가 많지 않습니다. 그러나 지금 현재 결정되고 있는 정치 사안들은 기성세대뿐만이 아니라 청소년의 삶에도 깊은 영향을 미치게 될 것입니다. 특히 지금 결정되고 바뀌어갈 정치적 결정들은 기성세대보다 앞으로 미래의 주체가 될 우리에게 더 큰 영향을 미칠 것입니다. 하지만 단지 지금의 내게 투표권이 없다는 이유 하나로 그것에 무관심할 수 있는 여유와 권리가 과연 있을까요?

청소년이 일상적인 정치의 주체가 되어야 하는 또 다른 이유는, 어른들보다는 더 이타적인 마음을 가진 것에 있습니다. 사회가 주입하는 자본주의적 가치는 나이가 한 살씩 늘어날 때마다 어마어마하게 커집니다. 그래서 결국 자본에 의한 손익 계산은 떼려야 뗄 수 없는 본능이 되어버리고 마는 것입니다. 하지만 손익에 따라 움직이는 사회는 행복할까요? 사랑과 우정, 내 영혼의 울림을 향유하며 살아가는 삶 대신, 오로지 경쟁만 강요받고 있는 지금 우리의 삶은 행복한가요?

한 청소년이 자신이 꿈꾸는 사회에 대해 이야기했습니다. 어린아이들이 자신이 하고 싶은 일보다 해야 하는 일이 더 많지 않은 삶을 사는 것이고, 사랑과 우정과 꿈을 얘기해야 하는 순간에 성적표에 찍힌 겨우 숫자 몇 개가 나를 죽이고 싶을 만큼 한심한 놈으로 만들지 않는 사회라고요. 통장에 찍힌 숫자로 사람이 사람을 깔보지 않는 사회이며, 부자인 사람이 가난한 사람에게 진심어린 손길을 뻗을 수 있는 사회 말입니다. 또한 말할 수 없는 나무와 새와 벌레들이 마음껏 숨을 쉬고 살아갈 수 있는 사회이며, 지구 이편과 저편에 상상하기 힘든 삶의 수준차이가 좁혀지는 것이라고 합니다. 이러한 사회를 꿈꾸는 자는, 반드시 이러한 세계를 만들고자 하는 일상적 실천을 하게 됩니다. 또 친구들에게 함께 하자고 손을 뻗을 용기가 생기지요.

다시 한 학생이 들려줬던 급식회의 이야기로 돌아가 볼까요? 급식회의의 참여자들은 자기가 대표자인 것은 맞지만 나의 의견이 친구들의 의견을 대표하는 것은 아니라는 사실을 알아야 합니다. 반 친구들이 급식회의 날인지 아닌지도 모르고, 반에서만 급식에 대한 불만을 토로하게 둘 것이 아니라 반을 대표하여 급식회의에 참여하는 대표자로서 적극적으로 학우들의 의견을 모아서 전달하려는 노력을 해야 합니다.

또한 수동적으로 급식 메뉴에 대한 이야기만 하는 것이 아니라 필요하다면 급식비나 식자재에 대한 이야기도 먼저 할 수 있어야 합니다. 학생들이 할 수 있는 일은 생각보다 많을지도 모릅니다. 몇 가지 예시를 들자면, 방사능 오염에 대한 우려로 일본산 수산물이 매우 값싸지고, 원산지마저 둔갑하고 있는 요즘 같은 시기에 급식에서 먹고 있는 생선과 해산물들은 과연 어디에서 왔는지, 믿을 수 있는 것인지에 대해 스스로 관심을 가지고 이야기하는 것은 당연한 일일 것입니다.

또한 잔반을 줄이기 위한 이벤트도 함께 기획해 볼 수 있습니다. 음식물 쓰레기들을 돈을 주고 처리해야하는 학교 입장에서는 환경을 위해서 뿐만 아니라 불필요한 자원 낭비를 방지하기 위해서라도 잔반을 최소화하여야 하는데, 그저 '음식을 남기지 말자'라는 아무도 듣지 않는 이야기를 하는 대신에 학년별로 잔반통을 마련하여 잔반이 가장 적은 학년에게는 음식물 쓰레기 처리 비용을 절약한 돈으로 상품을 주는 이벤트를 기획하여 볼 수도 있습니다. 실제로 '무지개 식판'이라는 작은 학생들의 아이디어가 잔반을 줄이는 데 큰 효과를 내고 있다고 합니다. 배식받는 식판에 어느 정도 양을 담는 것이 좋은지 모르는 학생들을 위해 표준 식사량에 따라 눈금을 그은 것입니다. 자신의 식사량에 맞게 음식을 배식 받음으로써, 일반 식판으로 배식했을 때와 비교해 무려 70%의 잔반이 줄었다고 합니다.

이런 꿈을 실현하는 가장 구체적이고 효과적인 방법은 일상에서 민주주의를 실천하는 것입니다. 지금부터 소개할 '살아있는 민주주의를 실천하기 위한 삶의 기술'들을 참고한다면, 막연하게 느껴지는 민주주의를 실천하는 방법이 먹고, 마시고, 책을 읽고 글을 쓰는 것처럼 우리 삶에 더욱 밀접한 '삶의 기술'로 다가올 것입니다. 이 기술들 중 몇 가지 중요한 기술들은 다음 장에서 구체적인 사례와 함께 더 자세히 알아볼 것입니다.

깨어 있는 시민의 삶을 선택하기

살아있는 민주주의를 실천하기 위해 가장 먼저 필요한 것은 깨어 있는 시민의 삶을 선택하는 것입니다. 시민이란, 민주주의의 주체로서 자유와 권리를 인식하고 공동의 문제에 관심을 갖고 참여하는 존재를 뜻합니다. 그러한 시민이 사회에서 일어나는 일에 무관심하고 냉소한다면, 세상은 더 나아질 수 없습니다. 민주주의 사회에서 살고 있는 '나'는 자신의 행복을 찾아 찾아가는 동시에 공동의 의사결정에 참여할 수 있는 존재라는 사실을 깨달아야 합니다. 깨어 있는 민주시민의 삶을 살고자 뜻을 세울 때, 우리는 비로소 민주주의의 첫발을 내디딜 수 있을 것입니다.

타인의 의견을 귀 기울여 듣기

또한 인간은 타인과 더불어 살아가는 존재입니다. 그렇기에 자기 이익만 추구하려다 보면 오히려 불행해지기 마련입니다. 남을 이기려는 경쟁과 물질적 가치만을 우선시하는 우리 사회가 점점 더 각박해지는 이유는 바로 여기에 있습니다. 타인의 목소리에 귀 기울이고 약자를 배려하는 것은 지금 이 시대에 더욱 절실한 덕목입니다. 함께 새로운 세상을 꿈꾸며 공동의 가치를 만들어가기 위해 타인의 이야기에 마음을 열고 경청할 수 있어야 합니다. 상대의 존재 자체를 존중할 수 있는 진정한 의미의 소통을 이루어야 합니다. 이 세상 가장 연약한 존재의 목소리들에 귀 기울일 때 비로소 정의로운 민주주의 사회는 가능해질 것입니다.

다름을 받아들이고 창조적으로 논쟁하기

그렇다면 진정한 소통을 이룰 수 있을까요? 우리는 논쟁으로부터 많은 것을 배울 수 있습니다. 논쟁은 우리가 다양한 이해관계를 가진 사람들과 연결되어 있음을 깨닫게 합니다. 우리를 다양한 관점에서 생각하게 만들고, 새로운 선택을 가능하게 합니다. 또 타인과 소통하기 위해 필요한 정보나 가치들을 공유함으로써 공동체가 더 단단해지도록 이끕니다. 변화를 위해 다름과 불편을 기꺼이 받아들이고 창조적인 아이디어를 적극적으로 나눔으로써 더 나은 미래를 만들어 갈 수 있습니다.

다양한 의견들 사이에서 중재하고 협상하기

이처럼 다양한 사람들이 각자의 의견을 표현하는 상황에서, 최선의 결론을 끌어내기 위해서는 적절한 중재가 필요합니다. 갈등 상황에서 우리의 대화는 소모적인 논쟁으로 이어질 수 있기 때문입니다. 중재는 사건에 관계된 사람들 모두 스스로 충분히 표현할 기회를 가지는 것을 의미합니다. 이 과정에서 우리는 이해할 수 없었던 상대에게 마음을 열고, 서로를 존중하는 법을 배울 수 있습니다. 또한 중재는 단순히 갈등을 해소하는 것을 넘어, 당사자들이 이전과는 다른 지평에서 관계를 맺을 수 있도록 대화를 이끕니다.

서로 대립하는 것 같아 보이는 사람들에게도 공통점은 존재합니다. 그 공통의 영역을 발견하고 넓혀갈 때, 우리는 타협의 지점을 찾을 수 있습니다. 소통을 포기하지 않고 상대와 끝까지 진지하게 협상에 임한다면, 그 합의는 오래도록 지켜질 것입니다. 이것은 내 의사에 대한 단순한 포기가 아니라 다름에 대한 포용과 이해를 뜻합니다. 이러한 과정을 통해 형성된 신뢰를 통해 미래에 위기가 닥치더라도 또 다른 해결을 위한 공동의 장을 마련할 수 있습니다. 협상의 경험을 통해 사람들은 중요한 결정을 내리는 데 있어 앞으로도 더욱 능동적으로 자신의 목소리를 내고 참여할 것입니다.

더 좋은 공동체의 모습을 함께 상상하기

좋은 사회란 어떤 모습일지 끊임없이 상상해봅시다. 불가능하다고 말하는 것은 지금의 지배 구조가 정의한 것에 불과합니다. 우리는 정치적 상상력을 통해 지금과는 다른 사회를 그려볼 수 있습니다. 인류의 역사는 늘 새로운 사회를 향한 상상과 그를 실현하고자 하는 용기를 통해 진보해왔습니다. 정치적 상상력은 공동의 문제를 공론화하고, 결정에 참여하고, 그 결정에 책임을 지는 정치의 시작입니다. 내가 살아가는 공동체에서 꼭 이루고 싶은 가치를 그려보고, 그 비전이 실현된 사회의 모습도 상상해봅시다. 이상을 간직하는 한 우리는 현실에 갇히지 않을 수 있습니다.

공적 대화의 장에 참여하기

그리고 꿈꾸는 이상을 위해, 시민들은 공정하고 정의로운 사회를 위해 무엇이 필요한지 함께 사유하고 그것을 실천하기 위해 어떤 노력을 해야 하는지 끝없이 질문하고 논의해야 합니다. 공적인 대화의 장은 이제껏 발언할 기회를 갖지 못했던 사람들에게는 새로운 변화를 향한 기회가 될 것입니다. 또한 우리와 다른 생각을 가진 이들과도 함께할 가능성도 생겨날 수 있습니다. 공적 대화는 새로운 세상을 창조하는 장입니다. 거창하지 않아도, 사소한 일상에서부터 공적인 대화를 시작해봅시다. 이 과정은 느리게 자라나지만 흔들리지 않는 나무의 뿌리와 같은 공동체의 기반이 될 것입니다.

공동체의 문제를 함께 결정하기

나아가 민주시민으로서 우리는 정의로운 세상을 만들기 위해 공적 판단을 내릴 수 있어야 합니다. 공적 판단이란 공동의 문제에 대해 서로의 대안을 비교하고, 무엇이 진정으로 올바른 것인지 함께 결정을 내리는 것입니다. 이는 공동선에 도달하기 위한 결정적 단계입니다. 그러나 만일 시민들이 이 책임을 다하지 않는다면 우리 사회는 방향을 잃거나, 소수의 권력가들이 원하는 쪽으로 흘러가게 될 것입니다. 좋은 공적 판단은 우리 사회에 명백히 드리워진 불의를 걷어내고, 정의를 향해 행동할 수 있는 용기를 줍니다. 공동의 문제에 대해 함께 판단을 내리는 것은 이 사회의 주인으로서 당연한 책임입니다.

결과와 상관없이 축하와 감사하기

그렇게 목표에 도달하거나 승리했을 때, 우리는 축하와 감사의 시간을 가져야 합니다. 하지만, 우리는 언제나 성공하진 않으며, 예상했던 결과에 도달하지 못할 수도 있습니다. 대부분 시간은 인내와 좌절의 반복일지도 모릅니다. 그런 순간에도 우리에겐 축하와 감사의 시간이 필요합니다. 믿고 있는 바를 위해 다른 이들과 함께 투쟁하는 것, 시민들에겐 그 자체가 이미 승리이기 때문입니다. 우리가 어떤 방향을 바라보고 달려왔는지, 지금부터는 어디로 나아갈 것인지를 면밀하게 살피되, 함께 하는 사람들과 충분한 기쁨을 나눠야 합니다. 그럴 때 우리를 둘러싼 연대의 힘은 더욱 강해질 것이고, 우리 자신은 한층 더 성장할 것입니다.

더 나은 실천을 위해 반성과 성찰하기

앞으로도 민주주의의 기술을 더욱 잘 실천할 방법은 공적인 활동에 참여한 다음, 반성과 성찰의 시간을 가지는 것입니다. 무엇이 계획대로 되었고 그렇지 않은지, 이 활동에 어떤 의미가 있었고, 무엇을 개선해야 하는지 면밀하게 살펴봐야 합니다. 단순히 결과를 나열하는 것이 아니라 과정 속에서 배운 것을 통해 우리가 할 수 있는 더 나은 행동은 무엇일지 깊게 탐구해 봅시다. 반성과 성찰은 민주주의를 성숙시키고 건강하게 지속할 수 있게 만드는 강력한 도구가 되어줄 것입니다.

주위 사람들과 용기를 나누기

민주주의의 완성은 혼자만의 힘으로 이루어낼 수 없습니다. 사회의 구성원 대다수가 도덕적인 시민으로 거듭나는 것이야말로 진정한 변화라고 할 수 있습니다. 사회에 고통 받는 약자가 있다는 사실을 알면서도 무관심했던 방관자들에게 영감을 주고 그들이 행동할 수 있도록 용기를 주어야 합니다. 주변 사람에게 지지와 인정을 받고, 함께한다는 느낌을 나눌 때 사람들은 두려움을 극복하고 보다 자유롭게 자신의 목소리를 낼 수 있습니다. 끝까지 정의의 편에 남아 더욱 정직하고 성실한 삶을 추구하는 사람들이 늘어나는 것이 살아있는 민주주의의 궁극적인 목표일 것입니다.

희망하기

마지막으로, 살아있는 민주주의는 나의 삶을 바꾸는 것에서 시작해 세계를 변화시키겠다는 원대한 꿈과 희망의 기획입니다. 그리고 이것은 더 나은 세상을 만들고자 하는 사람들의 실천으로 현실이 될 수 있습니다. 모든 인간의 내면에 존재하는 공감과 협력, 평등과 공정함에 대한 깊은 갈망에 용기를 불어넣어 삶 자체를 아름답고 풍요롭게 만들어 봅시다. 희망은 추상적이고 막연한 관념이 아니라 변화하는 행동을 말합니다. 즉, 희망이란 끊임없이 공동의 문제에 함께 참여해 새로운 가능성을 창조하는 살아있는 민주시민 그 자체인 것입니다. 희망을 살아 숨 쉬게 하는 것은 살아있는 자의 의무이자 특권입니다.

2부

살아있는 민주주의의 실천

여러분은 2부에서 많은 사람을 만나게 될 것입니다. 그들은 살아있는 민주주의를 실천하기 위한 삶의 기술을 통해 어떻게 하면 절망으로부터 문제를 효과적으로 해결할 수 있는지 배웠고, 그 결과 삶을 점점 더 만족스럽게 바꿀 수 있었습니다. 민주주의를 삶의 유용한 기술로 받아들이는 그들의 새로운 사고방식은 곧 새로운 삶의 방식이 되고 있습니다. 1부에서는 살아있는 민주주의를 이해할 수 있는 여러 사례와 이론들에 관해 알아봤습니다. 하지만 알고 있는 것들을 행동으로 옮기기 위해서는 효과적인 기술을 연마해야 합니다. 우리는 이러한 기술들을 '민주주의의 기술'이라고 부릅니다. 2부에서는 사람들이 당면한 문제를 해결하기 위해 실행했던 몇 가지 민주주의의 기술을 사례와 함께 설명할 것입니다.

살아있는 민주주의의 기술은 소수의 사람만 할 수 있는 행위가 아닙니다. 하지만 이 기술은 암기나 공식으로는 배울 수 없습니다. 어떤 기술이든, 우리는 그것을 실제로 해봄으로써만 제대로 익힐 수 있기 때문입니다. 기술을 익히는 과정과 그 기술이 실행되는 방식 또한 모든 사람이 판박이처럼 똑같은 것이 아닙니다. 민주주의 기술은 개인의 고유한 생각과 특성이 반영된 복합적인 모습으로 드러나지요. 이는 음악이나 미술과 같은 예술의 특성과도 비슷하다고 할 수 있습니다. 그럼에도 가장 중요한 점은, 기술은 배울 수 있는 것이라는 점입니다. 손재주가 있거나, 훌륭한 성대를 가지고 있거나, 절대음감을 갖고 있는 사람처럼 특정한 재능을 갖고 태어난 사람들은 그렇게 많지 않습니다. 하지만 민주주의 기술은 그런 특별한 재능을 요구하지는 않습니다. 그리고 민주주의 기술은 시간이 흐르면서 발전합니다. 그 발전에는 끝이 없지요.

살아있는 민주주의를 삶에서 실천한다는 것은 민주적인 결정을 만들고 행동함을 의미합니다. 인간은 사회적 본성을 타고난 존재입니다. 이는 우리가 명백히 서로 의존적이라는 뜻입니다. 하지만 우리는 완성된 사회적 존재로 태어나지는 못했습니다. 우리 모두가 잠재적으로는 민주주의의 기술을 잘 행할 수 있는 존재이지만, 그 잠재성을 깨닫지 못하고 있는 것이죠. 그 잠재성을 깨닫기 위해서는 의도적인 학습이 필요합니다. 하지만 어떻게 그것이 가능할까요?

2부는 그 의도적인 학습이 어떻게 이루어질 수 있는지 보여주기 위해 편집된 하나의 매뉴얼 북입니다. 우리는 'Doing Democracy'라는 제목의 이 민주주의 기술 매뉴얼을 2009년 프란시스 무어 라페에게 직접 건네받았습니다. 이 실천 매뉴얼은 민주주의 기술을 혼자서 할 수 있는 기술과 여러 사람이 함께 실행할 수 있는 기술로 나누어 소개하고 있으며, 각각의 기술들에는 '귀 기울여 듣기', '창조적으로 논쟁하기', '중재와 협상하기', '정치적 상상력 발휘하기', '공적 대화에 참여하기', '함께 결정하기' 등이 있습니다. 이 중 어떤 기술은 우리가 일상에서 쉽게 행하고 있는 것이고 어떤 것은 혼자서는 연습할 기회가 잘 없는 삶의 기술이지요. 여기에 소개된 사례를 참고하고 제시된 연습방법을 직접 실행해보면서, 우리는 살아있는 민주주의를 실천하기 위한 삶의 기술이 우리 각자의 삶의 장에서 유용하게 쓰일 수 있도록 연마할 수 있을 것입니다.

1

○○○○○○○○○

살아있는 민주주의 기술 익히기:

혼자서 할 수 있는 기술들

첫 번째 기술: 귀 기울여 듣기

말하는 사람을 격려하면서 그 말의 참뜻을 찾아 나가는 활동을 해봅시다.

특징

- 계속 대화에 참여할 수 있도록 돕습니다.
- 비록 나와 의견이 다르더라도 말하는 사람의 노력을 지지합니다.
- 대화 속의 숨어 있는 의미를 찾을 수 있습니다.
- 일방적인 판단을 막을 수 있습니다.

· 공동의 관심사를 찾을 수 있습니다.

· 창의력을 자극합니다.

· 듣는 사람뿐만 아니라 이야기하는 사람을 변화시킵니다.

· 긍정적인 연대를 만들어냅니다.

· 다른 사람의 아이디어를 얻으려고 노력합니다.

· 때때로 그냥 조용히 들어줍니다.

· 상대방을 격려하면서 여러분이 들은 내용을 확인합니다.

· 면밀한 질문을 합니다.

· 말하는 것 이상을 받아들입니다.

· 이야기하는 사람을 편안하게 만들어줍니다.

옛날에는 정치나 경영에서 첫 번째 단계가 선언문이나 계획, 안건 등을 만들어서 다른 사람들을 납득시키는 것이었습니다. 이와 대조적으로, 살아있는 민주주의에서 첫 번째 기술은 '간단하게 듣는 것'입니다.

하지만 이게 정말 간단할까요? '귀 기울여 듣기'는 우리 모두가 반드시 능동적으로 배워야 할 기술입니다. 이는 회사나 지역 사회, 심지어 가족 등 성공한 조직이라면 어디서라도 가장 기본적으로 활용되고 있는 것이기 때문입니다.

귀 기울여 듣기를 통해 서로의 관심사를 알 수 있습니다.

귀 기울여 듣기는 가능한 한 다른 사람의 입장이 되어 생각하기를 제안합니다. 동시에, 매우 짧은 순간일지라도 상대에게 유리한 관점으로 세상을 바라보기를 권하지요. 여기엔 몇 가지 장점이 있습니다.

첫째, 다른 사람의 관심사를 충분히 인식할 수 있습니다. 이는 나의 관심사와 연결지점을 찾는 데 중요한 역할을 합니다. 어떤 행동을 함께하기로 했다면, 공통된 지점은 중요한 키워드가 될 수 있습니다. 미국 샌안토니오에 위치한 시민단체 COPS[Communities Organized for Public Service]는 히스패닉의 높은 실업률에 대한 불만을 표현할 때 '귀 기울여 듣기'를 사용하였습니다. COPS는 시에서 가장 많은 인력을 고용하는 기업들이 지역에서 일할 사람들을 채용하기 위해 외지인들을 데려온다는 사실에 매우 화가 났죠. 그들은 거센 항의를 준비할 수도 있었지만, 대신에 고용주들을 협상 테이블로 초대하였습니다. 그리고 그들의 말을 귀 기울여 들었습니다. 그들은 오직 적으로밖에 보이지 않았던 고용주들의 관심사에 대해 들었습니다. 이를 통해 지역 내에서는 양질의 노동력을 찾을 수 없는 좌절감에 대해서도 알게 되었습니다. 따라서 COPS는 경영자들과 함께 도시 내에서 직업훈련 프로그램을 더 향상시켜야 한다는 공통된 관심사를 찾을 수 있었습니다. 거기서부터 COPS는 시의 직업훈련 프로그램을 혁신적으로 디자인하기 위해 개발에 착수하였고, 시 의회는 만장일치로 그 안을 통과시켰습니다.

친구나 가족, 심지어 길거리에서 설문조사하는 사람에게 얼마나 자주 질문받나
요? 또 질문을 받기 전에 나는 다른 사람에게 주로 어떤 질문을 던지나요?

–

만약 여러분이 그들의 입장에 동의하지 않는다면, 여러분은 자유롭게 다른 의견을
제시할 수 있었나요? 그러한 시도가 자연스러운가요?

–

귀 기울여 듣기는 창의력을 자극합니다.

귀 기울여 듣기가 창의력을 자극하는 이유는 이것이 새로운 방식의
시각을 열어주기 때문입니다. 매사추세츠 주립대학교 영어학 교수인
피터 엘보우^{Peter Elbow}는 '귀 기울여 듣기'를 교수법으로 사용합니다. 그
는 이를 '믿음 게임^{The Believing Game}'이라고 부르죠. 피터 교수는 현대사회
가 비판적으로 생각하기를 과도하게 강조하여 어떤 논쟁에서든지 결
점만 찾으려 한다고 말합니다. 이때의 문제점은 가장 좋은 아이디어마
저 나쁘게 보일 수 있다는 것입니다.

창의적인 생각은 많은 이점이 있지만, 전통적인 지혜를 부정하거나
정해져 있는 틀이 없기 때문에 무시되기 쉽습니다. 이를 막기 위해 피
터 교수는 그것이 최고의 제안인 '척'할 수 있는 의식적이면서도 훈련
된 노력이 필요하며, 이렇게 할 때 부정적으로만 보였던 의견이 우리

에게 어떻게 새롭게 인지될 수 있는지 확인해야 한다고 말합니다.

여기에 필요한 것은 '잠시 동안 불신하지 않기'라는 특별한 종류의 듣기입니다. 우리는 사고가 자유롭게 창의성을 발휘할 수 있도록, 처음부터 의견의 결점을 찾으려는 습관을 잠시 내려놓아야 합니다. 피터 교수는 이 접근법을 강의의 질을 높이기 위해 사용합니다. 하지만 이 밖의 어떤 경우에서든 이와 유사한 시도를 해보도록 권장합니다.

믿음 게임(The Believing Game)

창의적인 제안이 어느 누구도 충분히 검토해보지 않은 채 단호하게 거절되었을 때 이 게임을 해봅시다.

규칙 –

1. 모두가 간단하게나마 최선을 다해 그 제안을 믿도록 시도해봅니다. 개인적인 판단 없이 듣는 것처럼 가능한 장점들만 찾습니다.
2. 참가자들은 아이디어를 북돋울 수 있는 오직 긍정적인 의견만 제공합니다. 비판은 없습니다!
3. 믿음 게임을 통하여 아이디어를 북돋울 수 있을 때까지는 그 아이디어를 평가하지 않습니다.

때로는 여러분 혼자서 스스로의 생각을 향해 믿음 게임을 해야만 할 것입니다.

출처: Peter Elbow, "Methodical Belief," In Embracing Contraries (New York: Oxford University Press, 1985) and "Believing Game," appendix essay in Writing Without

Teachers (New York: Oxford University Press, 1973). 사용엔 허가가 필요함.

귀 기울여 듣기는 이야기하는 사람을 변화시킵니다.

일상에서 친구에게 조언을 구하러 갔을 때 친구가 단순히 들어줬을 뿐인데 종종 스스로 답을 갖고 있다는 것을 발견하고 놀라곤 합니다. 우리는 이미 답을 갖고 있습니다. 다만 타인에게 자신의 주장을 명쾌하게 설명하기 위해 생각을 만들어나가는 과정이 그 답들을 처음으로 '볼 수 있도록' 해줍니다.

공적인 삶에서도 똑같은 가능성이 존재합니다. 한 예로, 북부 캘리포니아에서 진행하는 '경청하기 프로젝트the Listening Project'는 수백 명의 사람들을 대상으로 그들의 집에서 심층적인 일대일 인터뷰를 통해 지역 사회를 발전시킬 수 있도록 돕습니다. 체크 표시만 하는 빠른 조사 방식 대신에, 주최 측은 시민들의 가치와 관심사에 관해 제한 없이 질문을 던져 나갔습니다. 한 중년의 백인 남성은 흑인 청소년들이 길거리에서 놀면서 문제를 일으키는 게 가장 큰 문제라며 불만을 터뜨렸습니다. 간단한 조사였다면, 그런 응답은 그를 인종주의자로 낙인 찍었을 수도 있었습니다. 하지만 주최 측은 논쟁하지 않고 계속 경청하였습니다. 그러자 남자는 말하면서 곰곰이 생각하기 시작했죠. 인터뷰의 말미가 되어 그는 지역의 문제를 부족한 놀이시설과 젊은이들의 직업 기회라고 스스로 다시 고쳐서 말하며 문제를 다시 이해하게 되었습니다.

이 이야기는 '듣기'를 수동적으로만 생각했던 사람들에게 듣는 행위에 관해 더 많은 것들을 알려줍니다. 현장에서 진심으로 듣는 것은 말하는 사람의 고유한 이해를 변화시킬 수 있다는 것이죠.

귀 기울여 듣기는 긍정적인 유대감을 창출합니다.

듣는 것은 우리가 지금까지 언급했던 것 이상의 모든 면에서 강력한 경험이기 때문에 사람들 사이에서 강한 유대감을 만들어냅니다. 유대의 힘은 공적인 삶에서 큰 신뢰 관계를 만듭니다. 이러한 관계는 시간이 흘러도 우리가 함께하는 일에 대해 헌신하도록 도와주고, 때때로 실망하게 되더라도 보람 있는 노력을 다시 이어갈 수 있도록 도와줍니다.

·경청하는 방법들 ─────────────

여러분의 귀 기울여 듣기를 더욱 활동적으로 할 수 있는 확실한 몇 가지 방법을 살펴봅시다.

다른 사람들의 아이디어를 얻으려고 노력합니다.

사람들은 보통 사회적 변화는 '관심 있는' 누군가가 계획하고 변화를 만들어내기 위해 '다른 사람들'을 동원하면서 이뤄진다고 생각합니다. 하지만 우리의 조사 결과는 대부분의 효율적인 조직에서는 그렇지 않다는 것을 반복해서 말해주고 있습니다.

한 가지 사례로, 테네시 주 내슈빌에서 산업지대재단[IAF, Industrial Areas Foundation]과 관련 있는 회원들이 약 2년간 '귀 기울여 듣기'를 위해 노력했습니다. 그들은 동료, 교구 주민, 이웃들이 무엇을 걱정하는지에 대해 잘 듣기 시작하면서, 어떤 이유에서 '다른 사람들' 또한 변화를 위한 노력의 일부가 되기 원하는지를 이해하기 시작하였습니다. 그들은 주택 건설 프로젝트와 관련된 거주민들의 걱정을 듣기 위해 수십 개의 '가정 방문 회의'를 포함한 경청 과정을 실행했습니다. 이러한 장기간의 과정을 통해 '함께 결속한 내슈빌 사람들^{TNT, Tying Nashvillians Together}'이 탄생했습니다. 이 사례는 인종의 벽을 허물고 시민들을 결속시키기 위해 헌신해온 사람들이 비록 자신이 관심 있는 이슈가 아니더라도 공적인 문제에 관여하며 변화를 시작했다는 것을 의미합니다.

때로는, 조용히 듣습니다.

가장 간단하지만 가장 어려운 듣기 기술은 말하지 않고 조용히 듣는 것입니다. 우리 대부분은 우리가 듣는 것 이상으로 말하기를 원합니다. 그런데 조용히 하기는 우리의 관심사를 보호하는 유일한 방법입니다. 우리의 관심사가 보통 청자의 긍정적인 기분과 경청에 좌우되어 훼손되기 때문입니다.

여러분 스스로를 경청하는 사람이라고 생각해봅시다.

여러분이 가족들이나 친구들과 얘기할 수 있는 가능성이 높은 세 가지 장면을 생각해봅시다.

—

스스로 각 장면을 상상해봅시다. 여러분이 경청하기 위해 지금과 다르게 행동하는 점들은 무엇인가요?

–

여러분이 성공적으로 행동했는지 어떻게 알 수 있나요?

–

그러므로 '귀 기울여 듣기'에 필요한 한 가지 기술은 다른 사람이 말한 후 잠시 멈추는 습관을 갖는 것입니다. 그 멈춤은 다른 사람의 말이 끝났음을 분명히 하도록 해줍니다. 그리고 좀 더 사려 깊은 질문이나 균형 있고 침착한 대답을 할 수 있도록 도와줄 것입니다.

상대방을 격려하면서 여러분이 들은 내용을 확인합니다.

우리 대부분은 청중 없이 이야기하는 것을 어려워합니다. 청자로서 여러분은 이야기하는 누군가에게 모든 것을 듣고 있다고 보여주기를 원할 것입니다. 항상 시선을 마주치세요. 이야기하는 사람 쪽으로 몸을 기울이고는 피하지 마세요. 고개를 끄덕이면서 격려하세요. 편안하게 "아하"나 다른 격려하는 추임새를 넣어보세요. 그리고 여러분이 들은 내용을 요약하는 시간을 가지십시오. 그때는 오직 우리가 이야기를 들었음을 알 수 있도록 하면 됩니다. 말하는 사람이 "바로 그거야"라고 생각하는지 확인하세요.

면밀한 질문을 합니다.

휴스턴의 광역 단체The Metropolitan Organization에서 일하는 주아니타 미첼은 다른 측면에서 귀 기울여 듣기를 강조합니다. 이때 말하는 사람이 자신만의 단어로 이야기할 수 있도록 질문합니다. 주아니타는 "우리는 시민들이 이야기에 깊이 파고들 수 있도록 도와주고 있어요. 우린 그 단어들이 사람들에게 의미하는 바가 무엇인지, 진짜 의미는 무엇인지 물어보고, 그들이 사용하는 단어들에 대해 생각해보도록 하고 있어요"라고 소개했습니다.

여러분은 얼마나 듣기를 잘합니까?

사생활이나 공적 생활에서 대화를 통해 상대나 혹은 주제에 대해 더 잘 이해하게 된 경험이 있나요? 그때에 여러분은 어떻게 듣고 있었나요?
-

사람들이 때때로 여러분에게 잘 듣지 않는다고 말한다면 그것은, 정말로 듣지 않는다는 뜻일까요? 이러한 불만에 몇 가지 배울 점이 있다고 느끼나요?
-

여러분이 대화에서 다른 사람들의 의사소통을 더, 또는 덜 완벽하게 할 수 있도록 격려하는 것 중 실제로 하고 있는 것들에 대해 알고 있는 게 있나요? 여러분의 듣기 행동의 원칙에 관해 목록을 만들어봅시다. (끼어들기, 격려하는 소리나 표현 사용하기 등)

이제 여러분은 여러분의 듣기 기술을 스스로 평가할 수 있습니다. 잠시 동안 마음속에 더 잘 듣고자 하는 열망에 관해 알아보았습니다. 여러분은 여러분이 관심이 있는 다른 사람의 문제에 대해 얼마나 듣기 원하는지, 일상의 듣기 기술에 관한 여러분의 의식 수준은 어느 정도인지에 대해서도 심사숙고하였습니다. 그렇다면 여러분의 듣기 기술은 몇 점인가요?

여러분은 얼마나 괜찮은 청자입니까?
(1: 매우 안 좋음, 5: 매우 훌륭함)

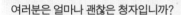

| 1 | 2 | 3 | 4 | 5 |

다른 사람들이 여러분과 이야기할 때 얼마나 편안하게 느낍니까?
(1: 매우 불편함, 5: 매우 편함)

| 1 | 2 | 3 | 4 | 5 |

듣기 기술을 발전시키기 위해 여러분에게 필요한 것은 무엇입니까?

말하는 것 이상을 받아들입니다.

덜 말하고 더 자주 말을 멈추어보는 노력은 더 나은 관찰자가 되도록 만들어줍니다. 커뮤니케이션은 우리 모두가 잘 알듯이 말하는 것 이상의 의미를 가집니다. 우리는 이야기하는 사람의 얼굴 표정, 목소리의 톤, 그리고 몸짓 언어(위치나 동작) 등 모든 의사소통 감정을 받아들일 수 있습니다. 여러분이 항상 이러한 표현들을 정확하게 읽어낼 수 있다고 말하는 것은 아닙니다. 하지만 우리는 이야기하는 사람에 대해 아는 모든 것들을 고려해서 그것들을 알아내고 무게를 가늠해볼 수 있습니다.

이야기하는 사람을 편하게 만들어줍니다.

미국 켄터키 주의 조 스자코스^{Joe Szakos}는 상당히 효율적인 시민 조직가입니다. 그는 우리에게 이렇게 말했습니다. "여러분이 사람들과 이야기하기를 원한다면, 그들을 미팅에 초대해서 당신이 중요하다고 생각하는 이슈에 대해서만 토론해서는 안 됩니다. 그들의 집 현관에 직접 가서 앉아야만 합니다. 안건이 무엇인지 걱정하지 말고, 그들과 함께 앉아서 커피를 마시세요. 앉자마자 바로 그들의 가장 큰 관심사가 나오지는 않을 테니까요." 다르게 표현하자면, 사람들이 가장 편하게 느끼는 장소에 가서 그들의 기분을 파악하는 게 중요하다는 것입니다.

집에서나 학교에서나, 훌륭한 청자는 사람들이 가장 편안하게 느끼는 곳으로 가서 이야기 이상의 것들을 받아들입니다. 또 다른 사람들의 아이디어를 얻으려고 노력합니다. 그들은 면밀한 질문을 하면서 그들이 들은 것들을 확인합니다. 그리고 때때로 조용히 앉아 있지요.

두 번째 기술: 창조적으로 논쟁하기

서로 성장할 수 있는 방식으로 다른 사람과 논쟁해봅시다.

특징

- 건설적이며 정직한 대결

좋은 점

- 다양한 이해당사자들이 연관되어 있음을 보여줍니다.
- 관심사들을 드러내줍니다.
- 더 깊은 이해를 할 수 있도록 해줍니다.
- 더 많은 선택권을 만들어냅니다.
- 공동체의 자신감을 키워줍니다.

실천 방법

- 다양성을 소중하게 생각하면서 받아들입니다.
- 차이를 위한 환경 '안전망'을 구축합니다.
- 서로에게 붙은 꼬리표를 제거합니다.
- 서로의 차이를 받아들입니다.
- 현재와 해결책에 집중합니다.
- 몇 가지 격앙된 행동을 인정하되 적절한 반응을 합니다.
- 화를 조절할 수 있도록 자기 훈련을 합니다.

- 철저하게 준비합니다.
- 영원한 적을 만들지 않습니다.
- 갈등을 '표면화'할 수 있는 모형을 만듭니다.

"삶은 곧 갈등이다." 우리가 포트 워스^{Fort Worth}에 있는 태런트 시 지역사회 연합^{ACT, Allied Communities of Tarrant}의 회장을 만나러 갔을 때 그가 한 말입니다. "여러분에게 아무런 문제가 없다면, 여러분은 아무것도 하지 않고 있는 것이다. 우리는 아이들에게 이 점을 가르치고 있다. 마찰은 열정을 의미하고, 열정은 힘을 의미한다."

이러한 그의 시각이 일반적인 의견이라고 말할 수 있을까요? 거의 그렇지 않습니다. 대부분의 사람이 갈등을 혐오합니다. 정치나 직장, 학교, 또는 집에서 우리 대부분은 갈등이 부정적이고 또는 피해야 할 무언가라고 배우죠. 전형적으로, 고용주는 부하 직원이 '파장을 일으키지 않으면서' '좋은 팀 플레이어' 역할을 했을 때 승진시킵니다. 교장 선생님은 좋은 선생님이란 소음 없이 갈등이 없는 교실을 질서 있게 유지시키는 사람이라고 믿습니다. 또 부모들은 자식들이 '문제를 일으키지 않는' '좋은 아이'일 때 칭찬해줍니다. 사회 소수 집단은 그들이 '문제를 일으키지 않고' '평화롭게, 좋은 단체'로 있을 때 지지받습니다.

갈등과 관련된 단어를 생각했을 때 당장 떠오르는 단어 여섯 개를 써봅시다.

사람들에게 갈등이란 단어를 들려주고 가장 먼저 떠오른 단어가 무엇인지 물었을 때, 우리가 받은 대답은 '긴장', '세력 다툼', '더러움', '싸움', '승패', '전쟁', 그리고 '화남' 등입니다. 이러한 제한된 시각은 의견 대립에서 당연히 '싸우거나 피하는' 반응으로 우리를 이끌지요. 갈등을 피하거나 끝장날 때까지 싸우는 방식으로 말입니다.

하지만 이 제한된 상황에도 희망이 있습니다. 이 책에 소개된 대부분의 사람들을 포함하여 일반적인 사람들도, 싸움이나 회피 모두 매우 성공적인 전략은 아니라고 인정한다는 것입니다. 대신, 많은 사람이 베스트셀러 리스트까지 급상승했던 책 『Yes를 이끌어내는 협상법』과 같이 건설적으로 갈등을 협상하는 기술을 경험하고 있습니다. 그러나 우리가 새로운 기술들을 배우려고 노력하기 전에, 갈등의 '긍정적' 기능을 완전히 이해할 수 있도록 먼저 우리의 편견부터 뿌리 뽑아야 합니다.

갈등은 다양한 이해당사자가 포함되어 있음을 보여줍니다.

만약 갈등이 없다면, 중요한 관점들이 의사 결정 과정에서 배제되었음을 의미할 뿐입니다.

갈등은 관심사를 드러내도록 해줍니다.

갈등은 우리의 제한되고 정해진 관심사를 흔들면서, 동의하지 않는 사람들의 시각을 통해서 고정된 우리의 견해를 돌아볼 수 있도록 해줍니다.

갈등은 문제를 더 깊이 있게 이해할 수 있도록 해줍니다.

문제에 대한 몇몇 정의들과 다른 해결책의 결과를 고려하는 것은 매우 복잡한 이슈들에 대한 이해를 분명하게 합니다.

갈등은 행동에 더 많은 선택권을 제공해줍니다.

갈등은 문제 해결에서 가상 흔한 하나의 해결책으로 성급하게 귀결하는 실수를 피할 수 있도록 합니다. 갈등은 우리에게 더 많은 선택 가능성을 줍니다.

갈등은 '승패'의 결과가 아닌, '배움'의 과정입니다.

모든 차이, 불편함, 또는 불일치는 우리 자신과 타인을 더 잘 이해하도록 돕습니다. 갈등은 사람들이 가진 편견, 필요, 가치, 목표, 그리고 우리가 타인들과 성공적으로 소통하기에 필요한 모든 정보들에 대한 단서를 제공해줍니다.

갈등은 공동체의 자신감을 키워줍니다.

갈등을 배움으로 여기고 성공적으로 활용하는 집단은 그들이 스스로 더 강력해질 것이라고 믿습니다. 그들이 갈등을 통해 습득할 능력을 자신감 있게 잘 사용한다면 더 많은 위험을 감당할 수 있습니다. 건강한 갈등은 우리가 문제 해결 과정에 더욱 능동적으로 참여하도록 해주며 문제의 과정과 해결책에 대한 주인의식을 키워줍니다. 서부 버지니아의 사회 정의 그룹 멤버 중 한 명인 벨르 자스^{Belle Zars}는 우리에게 "갈등에 빠지게 되면, 언제든지 여러분이 변화할 수 있다는 것을 알면 좋겠습니다"라고 말하며, "저는 언제나 우리가 떠들썩한 싸움을 하게 될 때, 우리가 만들어낸 결과물의 질은 더욱 좋아진다고 배워왔습니다. 격한 논쟁이 무조건 나쁜 것만은 아닙니다"라고 덧붙였습니다.

갈등은 영원히 사라지지 않을 것입니다. 다만, 우리가 파괴적인 싸움을 피하거나 동참하기 위해 얼마나 많은 에너지와 시간을 낭비하고 있는지에 대해서는 생각해볼 필요가 있습니다. 갈등을 창조적인 도구로 바꾸는 일은 이를 공적 토론에 필수불가결하며 유용하고, 심지어 본질적인 요소로 인식하는 것에서 시작합니다.

그렇다면 우리는 어떻게 잠재적인 이익을 지닌, 긍정적인 갈등을 창조해낼 수 있을까요?

· 창조적으로 논쟁하기의 실천방법

여러분이 갈등을 활용하는 데 유용한 몇 가지 방법이 있습니다.

다양성을 소중하게 생각하면서 받아들입니다.

지난 수십 년간, 다양성의 원리를 존중하는 것보다 정치적으로 정당한 게 훨씬 더 중요했습니다. 그것이 우리 시대에 가장 큰 '해야 할 일'이었습니다. 하지만, 살아있는 민주주의에서는 다양성에 다른 각도로 접근합니다. 다양성이 더 나은 결과를 창출해낼 수 있다고 믿습니다. 다양성이 창조적 갈등을 자극하는 데 도움을 줄 수 있다면, 그것은 앞에서 나열한 모든 이익들에 공헌할 것입니다. 더 많은 관점들로부터 더 큰 이해, 더 나은 창조성, 그리고 이행을 위한 더 큰 헌신이 가능합니다.

여러분은 갈등을 얼마나 잘 다룰 수 있습니까?

아래에 여러분이 갈등을 잘 다룰 수 있는 능력이 있는지 1부터 5까지 점수를 매겨봅시다.

1: 매우 부족 – 난 매우 화가 난다. 난 계속해서 갈등상태이다. 난 폭발해버리고만다.

5: 매우 잘함 – 난 건설적으로 갈등을 이용할 수 있다.

우리 대부분은 삶 속에서 일주일에 한두 번 정도 쉽게 갈등과 마주칩니다. 최근 여러분의 삶 속에서 일어난 갈등 상황 세 개를 생각해봅시다.

–

이 갈등들이 여러분에게 도움이 되었다면, 무엇인가요?

–

갈등이 더욱 이로울 수 있을까요? 더욱 창조적일 수 있을까요? 어떤 방식으로 그

그러므로 다양성을 인정하는 것은 도덕적인 당위만을 말하는 게 아닙니다. 그것은 더 나은 해결책들을 창조해냅니다. 이는 켄 갤드스톤 Ken Galdston의 경험을 통해서도 알 수 있습니다. 켄은 매사추세츠 주의 메리맥 밸리 프로젝트the Merrimack Valley Project in Massachusetts에서 매우 다른 방식으로 행동하는 집단인 노조와 교회를 연구하고 있습니다.

저는 교회 사람들이 노조 사람들에게 도전하거나 그 반대인 경우를 봐왔습니다. 그건 좋은 일입니다. 어느 회사가 폐쇄하겠다고 발표했던 사례를 들어보죠. 수많은 직업이 위태롭게 되었습니다. 이러한 상황이 교회, 노조, 상공회의소 사람들이 힘을 합하게 만들었습니다.

일단 공장 폐쇄를 되돌릴 수 없는 상황은 확실하였지만, 우리는 회사로부터 직업 훈련 자금이라도 요청해보기로 결심하였습니다. 노조 사람들은 그 결정을 실패로 보았습니다. 그들은 회사를 신뢰하지 않았고, 회사가 그들을 배신했다고 비난하길 원하였습니다. 그러나 교회 사람들은 회사와 협상 테이블을 마련해서 일을 어떻게 할지 이야기할 의향이 있었습니다. 그들은 '우리는 좀 더 원칙 있게 행동할 수 있어요'라고 말했죠. 우리가 매우 느린 접근 방법이나 섣불리 행동하는 방법만을 사용했다면, 협상을 완수할 수 없었을 것입니다. 결국에 이 두 결합은 성공하였습니다. 우린 회사로부터 140명 직원들의 재교육 비용으로 55,000달러를 얻을 수 있었고, 그 돈은 다른 기금에서 차입되었습니다.

'주^州를 위한 켄터키인들^{KFTC}'의 진 트루^{Jean True}는 이 교훈을 간단하게 적용합니다. "가장 좋은 결정들은 가장 많은 사람의 가장 많은 참여를 통해 만들어진다."

차이를 위한 환경 '안전망'을 창조합니다.

갈등을 건설적으로 만드는 것은 사람들이 자유롭게 반대하면서 다른 시각을 제안할 수 있는 환경을 조성하는 것에서부터 시작합니다. 우리를 성장시킬 수 있는 갈등에 대해 교육철학자 파커 팔머^{Parker Palmer}는 "열려 있고, 공적이며, 종종 매우 소란스럽다"라고 말한 바 있습니다. 그는 창조적인 갈등을 막는 것은 두려움이라며, "그것은 무시당할 것 같은 두려움, 조롱당할 것 같은 두려움이다"라고 말했습니다. 사람들은 "아무리 정확하지 않더라도, 진실을 향한 모든 시도"를 위해 의사소통하고 일할 때만 그들의 무지가 노출되더라도 안정을 느낍니다.

최근에 우리는 학생들에게 매우 인기 있는, 놀라울 정도로 성공한 고등학교 역사 선생님의 이야기에 관해 들었습니다. "그것은 훌륭한 오답이로구나!" 그는 학생들이 자신의 확실한 지식을 넘어서서 모험할 수 있도록 이끌고 있었습니다. 선생님은 학생들이 창피함에 대한 두려움에서 자유로워질 수 있도록 공적 환경을 창조하고 있었습니다. 그는 어린 학생들이 틀렸을 때 굴욕을 느끼지 않고, 두려움 없이 의견 차이를 말할 수 있도록 했습니다.

낙태와 같이 타협이 불가능해 보이는 이슈에서도 양 측면의 몇몇 지지자들이 갈등을 이어가고 있었습니다. 그들은 다른 의견을 자유롭게 나눌 수 있도록 환경 안전망을 매우 열심히 만들어오고 있었습니다. 1991년부터 시작하여, 밀워키 주의 낙태 권리 옹호자들과 반대파들은 함께 모여 4~6주 동안 반나절 또는 종일 회의에 참석했습니다. 처음 회의가 가능했던 것은 상대편이 안전할 수 있도록 서로 약속하였기 때문입니다. 모든 참석자들이 일체의 언론보도 금지, 그리고 "오직 안건에 대해서만 대화한다"는 것에 동의하였습니다. 의장 중 한 명이었던 매기 케이지Maggi Cage가 이것을 우리에게 말해주었지요.

서로의 꼬리표를 떼어버리는 데 동의합니다.

낙태 토론 참여자들은 경청하기를 촉진할 특정한 규칙에 합의하였습니다. 하나는 그들이 상투적인 단어, 상대방에 대한 꼬리표, 미사여구를 사용하는 것을 금지하기로 한 것입니다. 각자의 입장을 고수하려 애쓰지 않으면, 그들은 서로의 차이점 너머 모두가 공유하고 있는 관심사를 찾을 수 있을 것입니다. 그것은 바로 '원치 않는 임신을 막자는 공통된 바람'입니다. 덕분에 고정관념은 무너졌고 신뢰가 자랐습니다. 이 대화를 통해서 어린이들을 위한 '성교육'에 관한 아이디어가 도출되었고, 후에 입법자들에게 전달되었습니다.

서로의 차이를 인정한 후, 공통점을 찾습니다.

세인트루이스 주에서는, 두 낙태 캠프로부터 온 대표자들이 매우 다른 접근법을 이용했습니다. 밀워키 주 참여자들이 공통점을 찾기 전에 낙태에 관한 서로 간의 견해를 경청하는 것이 중요하다고 믿었다면, 세인트루이스 주에서는 "낙태 이슈에 관한 테이블을 차리기로 결정하고 서로에 대한 모든 것들을 이야기하였다"고 임신보건국의 진 카벤더$^{Jean Cavender}$가 밝혔습니다. 대부분의 참여자가 여성과 어린이들을 상대로 한 서비스직에 종사하고 있었기 때문에, 그들은 서로 꽤 많은 공통점이 있다는 것을 알 수 있었습니다.

이렇게 해서 분열을 초래하는 싸움에서조차, 참여자들은 일부러라도 모든 측면에서 그들의 공통된 관심사를 찾기 시작했습니다. 이러한 아이디어는 낙태 토론에서 유행하고 있고 몇몇 도시에서는 위와 같은 집단들이 꾸준히 형성되고 있습니다.

현재, 그리고 해결책에 집중합니다.

캘리포니아 주 버클리에서, 공업지구 조성계획이 몇 년간 지연되고 있었습니다. 노조 사람들과 다른 노동자들은 고임금의 노동력을 필요로 하는 사업이 시작되길 원했습니다. 하지만 환경주의자들과 몇몇 거주민들은 오염 산업들이 도시 밖으로 빠져나가길 원했죠. 이렇게 반대되는 관심사는 어떻게 다루어져야 할까요?

계획 위원회 위원인 바베트 지$^{Babette Jee}$는 그녀가 모든 이해집단들을 협상 테이블로 불러들일 수 있다는 이해 하에서만, 서부 버클리 계획the West Berkeley Plan의 소위원회 직책을 맡았습니다. 그리고 그녀는 몇 달

동안 지속적이고 연속적인 대면 만남을 만들었습니다.

"처음에는 그 만남에 약간의 긴장감이 있었어요. 왜냐하면 사람들이 과거에 관하여 불만을 터뜨렸기 때문이죠. 그래서 우리는 사람들이 현재에 관해서만 이야기할 수 있도록 만들었어요. 우리는 견해의 수사적이거나 정치적인 면이 아니라, 현재 상황에만 집중해야 했어요. 실질적으로 말하자면, '어떻게 우리가 이 문제를 다룰 수 있을까?' 하는 질문이지요."

분노 표현을 훈련합니다.

모임의 주최자들은 서부 버클리 계획에 참여한 사람들이 협상 테이블에서 경쟁적인 감정을 표출할 수 있도록 격려하였지만 격앙시키는 발언이나 상대의 숨통을 막을 수 있는 발언은 막았습니다. 그들은 사람들이 경쟁적인 관심사를 이야기하기 전에 서로를 방해하지 않으면서 상대의 관심사에 반응할 수 있도록 용기를 북돋웠습니다. 잠시 후, 참여자들은 그들에게 귀에 거슬리는 말이 필요하지 않음을 깨닫게 되었습니다.

이 과정은 아무도 시도한 적 없었지만, 좋은 직장을 만들고 수준 높은 직업 환경을 조성할 수 있는 배경을 만들어냈습니다. 마지막에는, "이 집단 내의 거의 대부분이 다른 편의 의견을 말할 수 있었다"고 바베트 지 역시 경탄하였습니다. 이 계획에 대하여 시 의회에서 투표할 시간이 되었을 때, 30~40명의 시민들이 증인이 되었고, 이를 무척 기뻐했습니다. "기본적으로 그 계획안에 지지하는 연설자들이 계속해서 일어나서 발언했는데, 그건 정확히 그들이 원한 것이 아니라고 할지라도, 집단들이 지지했기 때문이다"라고 한 참여자가 말했습니다.

창조적 갈등을 담은 이 결과에 참여자들 역시 매우 놀랐습니다. 그들은 자신들이 영향력을 발휘하기를 희망한다면 창조적 갈등의 과정에서 분노를 통제해야 한다는 것을 배웠습니다. 통제되지 않은 분노는 다른 사람들의 마음의 문을 닫게 합니다. 그들에게 두려움을 불러일으켜, 분노의 이유를 인지하지 못하게 만들어버립니다. 따라서 통제되지 않은 분노는 희망을 향한 변화보다는, 변화에 대한 더 큰 저항만을 만들기 쉽습니다.

멤피스 주의 셸비 시 종교 간 단체^{SCI, Shelby County Interfaith}는 1991년 선거 이전의 많은 노력 끝에 마침내 시장과의 만남을 갖게 되었습니다. 제러드 테일러는 이에 대해 "시장님의 발언이 중반 정도를 지나고 있을 때, 우리 멤버 중 몇 명이 낄낄 웃어대기 시작했습니다. 이러한 행동은 시장님께 만남을 중단할 구실을 드렸죠. 작은 대립이 큰 것으로 부풀어버렸습니다. 그리고 이는 우리의 목표를 향한 길에서 잠시 후퇴하도록 만들어버렸습니다"라고 말했습니다.

"만남 후 자체 평가에서, 우리 모두는 낄낄거리며 웃어댄 것이 시장님이 우리 제안과 다른 방향으로 가게 한 원인이었다는 점을 인정했습니다. 다행히 결과적으로 시작할 때보다 유리하게 협상을 이끌어냈지만, 그 날 많은 것을 배웠습니다."

여기에, 집단의 내부 평가 시간은 SCI 구성원들이 분노 표현 훈련에 전념하도록 고무시켰습니다. 그리고 훈련되지 않은 분노에는 또 다른 결점이 있는데, 분노는 종종 잘못된 표적을 공격한다는 점입니다.

쉬운 질문
최근에 분노를 느꼈던 적이 있습니까? 두세 가지를 아래에 써봅시다.
–

그리고 어려운 질문
여러분이 분노를 조절하는 방법에 만족하지 못한다면, 어떤 모습으로 발전해야 할까요?
–

예를 들어 관료주의적 행태에 대해 정부나 기업 간부를 상대로 분노를 표출하고 싶은 유혹에 대해 생각해보십시오. 만약 그렇게 해서 그 사람이 개인적으로 모욕받았다고 느끼면, 여러분은 결국 잠재적인 협력자와는 소원해지게 됩니다. 시애틀의 시민들은 지역 내에 있는 산골짜기에 계획된 개발 때문에 매우 화가 나서, 도시계획입안자를 마을 회의에 초대했습니다. 주민들은 계획을 공격하는 대신, 경청해보기로 결정하였습니다. 그들은 계획입안자가 하는 말의 의미를 읽어냈고, 그녀가 정말로 그들의 대의명분에 동조적임을 찾아낼 수 있었습니다. 그들은 관계를 쌓으면서 궁극적으로 승리할 수 있었습니다. 분노를 훈련하는 것은 건설적인 대립에서 매우 중요합니다.

철저하게 준비합니다.

'주(州)를 위한 켄터키인들^{KFTC}'의 진 트루$^{Jean\ True}$는 입법부나 주 정부에서 증언하기 전에 준비하는 것이 왜 중요한지 이렇게 설명합니다. "그들이 여러분께 미끼를 놓을 것이다. 그들은 여러분을 미쳐버리게 만들 것이다. 그리고 그들은 돌아서서 여러분을 바보처럼 바라볼 것이다. 그러면서 '오, 그녀는 이성적이지 않아요. 너무 감정적이에요. 우리는 그녀를 회의에 초대할 수 없어요'라고 말할 것이다. 또한 그들은 연약해 보이는 특정 사람들을 선택하려는 경향을 보인다."

이것이 KFTC의 훈련이 왜 그렇게 중요한지 알 수 있는 이유입니다. 훈련은 사람들이 안정을 취하고, 함정에 빠지지 않도록 반응하며, 사전에 정신적으로 준비할 수 있도록 도와줍니다.

영원한 적을 만들지 않습니다.

성공한 다수의 시민들은 공적 생활에서, 직장이든, 학교든, 아니면 시민단체에서든, 영원한 적을 만들지 않으려고 노력해왔습니다. 어떤 이슈에 대해 여러분과 반대되는 누군가가 다음에는 가장 훌륭한 동료가 될 수 있습니다.

갈등을 '표면화'할 수 있는 모형을 만듭니다.

집단의 참여자가 갈등 상황을 인정하길 거부한다면, 어떤 집단도 갈등을 창조적으로 다룰 수 없습니다. 그래서 브롱크스 노동자 소유 주택 관리 서비스$^{the\ Bronx\ worker-owned\ home\ care\ service}$의 공동 설립자 릭 서핀$^{Rick\ Surpin}$은 "갈등을 표면화하여, 집단이 잘 해결할 수 있도록 하는" 모형을 만들기 위해 일하고 있습니다. 릭은 그것의 이점에 대해 이렇게 설명합니다. "그들이 하는 몸짓 언어가 말과 일치하지 않는 게 보인다면, 저는 그들의 실제 감정이 제대로 표출되고 있는 것인지 확인하는 역할을 합니다. 그러면 다른 사람들도 스스로 돌아보기 시작하죠. 비록 소수일지라도 몇몇 사람들은 자신이 생각하는 바를 더 드러내게 됩니다. 이는 사람들이 이야기를 더 자유롭게 풀어낼 수 있는 공간을 만들어냅니다. 이야기를 꺼내게 하고, 입을 열게 하는 것이죠."

　사생활뿐만 아니라 공적 생활에서도 사람들은 너무 자주, 갈등상태를 서로 직접적으로 맞닥트리기를 꺼립니다. 그들은 난처한 상황과 다른 사람들의 분노를 두려워합니다. 또 듣기 싫어하는 말이나, 공정하게 대우받지 못하는 것도 두려워합니다. 그러므로 그들은 다른 모든 사람들에게 갈등을 이야기해버리거나 또는 간단하게 대립하고 맙니다. 그들은 공격하고, 분노하며 자신의 이야기를 들어주지 않을 것에 대한 두려움으로 경청하기를 포기합니다. 이런 식으로는 긍정적으로 갈등을 해결할 가능성이 무척 작습니다. 조정이 필요한 이유죠.

여러분의 삶에서 창조적 갈등을 사용해봅시다.

여러분이 가장 간단히 연습할 수 있는 창조적 갈등의 실천 방법은 무엇입니까?
–

지금, 행동 계획을 짜봅시다. 다음 주 동안 창조적 갈등을 연습하기 위해 '구체적으로' 무엇을 할 예정입니까?

–

갈등을 잘 다루게 되면 무엇이 달라질까요? 여러분이 성공하였는지(또는 적어도 이전보다 진보하였는지)는 어떠한 방식으로 알아낼 수 있나요?

–

2부 살아있는 민주주의의 실천

세 번째 기술: 중재와 협상하기

갈등에 처한 사람들이 서로 몇 가지 중요 관심사를 충족시키며 이야기하도록 대화를 이끌어봅시다.

특징

- 중립적인 중재자가 각 집단의 몇 가지 중요한 요구사항을 충족하도록 대화를 도와 문제를 해결하는 것

좋은 점

- 파괴적인 갈등을 피합니다.
- 문제 해결의 가능성을 더 높여줍니다.
- 미래에 비생산적인 갈등이 생길 가능성을 줄여줍니다.
- 자존심과 상호 존경심을 높여줍니다.

실천 방법

- 중재자가 갈등에 처한 사람들이 그들의 관점에 대해 발언할 수 있도록 대화의 장을 마련합니다.
- 중재자는 그들 사이의 차이점을 표면화하기 위해 경청합니다.
- 중재자는 판단하지는 않지만, 질문을 통해 공통의 관심사를 찾습니다.
- 여러분의 관심사를 잘 파악해본다면, 여러분이 타협할 수 있는 것이 무엇인지 알 수 있습니다.

- 논쟁자들은 양 단체의 몇몇 관심사를 만족시키는 해결책을 찾습니다.
- 정중한 의사소통을 유지합니다. 거기에 여러분의 관심사가 있습니다.
- 압박을 중단하고 계속 소통합니다.

중재는 중립적인 청자가 대화를 용이하게 이끄는 과정을 설명하는 고차원적인 단어입니다. 중재하기의 힘은 갈등 상태에 있는 사람들에게 안정을 주어 그들 자신을 충분히 표현할 기회를 준다는 것에 있습니다. 자신의 이야기를 들어준다고 느끼는 그것 자체로 사람들의 분노는 줄어듭니다. 중재는 새로운 선택지를 볼 수 있게 하며 적절한 협상을 가능하게 합니다. 만약 우리가 협상을 잘한다면, 우리의 합의는 확실하게 지켜질 것이고 관련된 사람 모두의 몇몇 요구 사항들을 충족시켜줄 수 있을 것입니다. 게다가 우리가 어떠한 미래의 문제들을 해결할 장을 마련할 수 있다는 자신감 또한 가질 수 있게 됩니다.

중재와 협상하기의 실천 방법

이 민주주의의 기술을 실천하기 위해서, 어떤 효과적인 방법이 필요할까요? 중재하기와 협상하기를 실천한 두 가지 사례를 소개합니다. 이 이야기들이 여러분의 학교, 직장, 조직, 또는 가족 내에서 문제 해결에 도움을 주는 방법이 되지 않을까요?

샌프란시스코 지역사회 위원회San Francisco's Community Boards의 사례

1976년 샌프란시스코의 다인종, 노동 계급 밀집 지역에서, 몇몇 거주자들은 스트레스와 증오를 유발하는 많은 문제가 단지 경찰을 부르는 것만으로는 해결될 수 없다고 생각했습니다. 사실, 경찰을 부르는 것은 적대감을 더 심화시킬 뿐이었죠.

시민들은 갈등, 개 짖는 소리, 반달리즘(공공 기물 파손 행위), 좀도둑, 접촉사고, 형편없는 서비스 등을 해결할 더 나은 방법을 찾아 나섰습니다. 자원봉사자들은 거주민들이 그들 사이에서 갈등을 중재할 수 있도록 훈련 프로그램을 시작했습니다. 그리고 지역사회 위원회 프로그램이 다음과 같은 신조로 출범합니다. "이웃들을 돕는 이웃들이 우리를 분리시키는 갈등을 해결한다."

오늘날, 지역사회 위원회의 상근 직원이 40세에서 70세에 이르는 300명의 자원봉사 중재자들을 훈련시키면서 감독하고 있습니다. 그 중 3분의 1 이상이 유색인입니다. 자원봉사 중재자들은 샌프란시스코의 시# 법원보다 더 많은 사건을 다루고 중재합니다.

"제 생각에 이 프로그램들이 문제를 직접 해결해주기보다는, 문제를 개선시키도록 허락해주는 것 같아요." 이런 현상에 대해 지역사회 위원회의 수장 테리 앰슬러Terry Amsler는 이렇게 설명합니다. "그들은 사람들이 두려운 상황에 처하는 것을 막아주고, 갈등을 해소하면서, '우리가 같이함으로써 얻을 수 있는 더 큰 긍정적인 것들은 무엇일까?'를 질문하게 하죠. 이는 우리가 어떻게 문제를 풀 수 있느냐가 아닌, 우리가 어떻게 관계를 충분히 맺으면서 대화를 할 수 있는지에 관한 것입니다."

여러분은 얼마나 좋은 중재자인가요?

중재자로서 여러분이 1(최악)부터 5(완벽) 중 어디에 해당하는지 평가해봅시다.

1: 최악이야. 너무 어려워. 또는 난 아직 잘 몰라.

5: 완벽해. 사람들은 내가 경청하면서 중립적 위치에 선다고 믿어.

1	2	3	4	5

최근에 여러분이 다른 사람들끼리 갈등을 빚는 상황을 목격한 적이 있는지 세 가지 경우를 생각해봅시다.

－

이러한 갈등 상황에서 여러분 스스로를 중재자라고 상상해보세요. 여러분이 중재하는 역할을 해야 한다면 어떠한 능력을 강화할 필요가 있을까요?

－

테리는 이러한 문제-개선을 가능하게 해주는 중재의 4단계에 대해 설명하였습니다.

1 · 논쟁자들은 그들 자신을 소개하고 나서 중재 패널들을 향해 자신들의 이야기를 전합니다.

직원인 리타 애드리언Rita Adrian은 '경청한다'는 의미에 대해 이렇게 설명합니다. "사람들로부터 최고를 끌어냅니다. 무보수로 일하는 자원봉사자들이 사람들을 향해 진심으로 감사하며 그들이 말하는 모든 것들을 진지하게 받아들입니다. 그러면 그들은 놀라울 정도로 마음을 누그러뜨려요."

2 · 중재 패널들은 답변합니다.

그리고 나서 패널은 논쟁자들을 설득하기 위해 긍정적인 면을 부각합니다. 이는 논쟁의 본질을 요약하면서 논쟁자들이 신경 쓰지 못한 공통점을 강조합니다.

3 · 중재 패널이 주의 깊게 듣고 있는 동안, 논쟁자들은 서로 마주 보며 직접 대화합니다.

때때로 중재자들이 개입해서 이야기할 수 있습니다. "다른 사람이 얘기한 걸 당신이 들은 대로 다시 말해보세요." 하지만 테리가 우리에게 말한 대로, 궁극적인 목표는 사람들이 서로 이야기할 수 있도록 시간을 주는 것이라서, 논쟁자들은 서로가 만들어낸 '악마 같은 괴물'이라는 이미지를 부수기 시작합니다.

4 · 그리고 나서 논쟁자들과 중재 패널은 함께 '윈-윈' 해결책을 생각해내기 위해 이야기합니다.

테리가 말하기를, 요점은 "모든 이슈는 아니더라도, 집단의 이기심을 어느 정도 만족시키는" 데 있습니다. 그때 해결에 도달하면 종이에 결과를 적고는 모든 집단이 도덕적이긴 하지만, 법적으로는 묶여 있지 않은 합의에 서명합니다. 몇 주 후, 지역사회 위원회는 해결안이 어떻게 진행되고 있고 필요하면 다른 추가적인 조언을 제공해야 할지 조사합니다.

지금까지 80%의 문제가 지역사회 중재를 통해 양측 모두 만족하면서 해결되었습니다. 사건의 3분의 1이 폭력이나 폭력의 위험을 지녔다는 점을 고려한다면, 이는 매우 기쁜 일입니다.

논쟁과 그들 사이에서 여러분의 역할 분석하기

여러분이 최근에 관찰했다고 앞에서 작성한 세 가지 논쟁을 생각해봅시다. 중재자가 도움을 주었나요?

–

각각의 경우에서, 누가 중재자 역할을 하였나요? 어디서, 언제, 어떻게 가장 좋은 중재를 했나요?

–

누가, 언제, 어디서, 그리고 어떻게에 대한 대답에 각각의 갈등에서 어떠한 중재가 제공되어야 하는지에 대한 여러분의 분석에 추가해봅시다.

–

이제 중재에서 여러분의 역할은 무엇이라고 생각하나요? 여러분은 건설적인 합의에 쉽게 도달하도록 무엇을 할 수 있나요?

지역사회 위원회의 영향력은 폭력 예방과 지역사회 긴장을 넘어서까지 나아갑니다. 한때는 그들 자신이 논쟁자에 포함되어 있던 3분의 1 이상의 중재자들은 지역사회를 풍요롭게 하는 기술을 배웁니다. 지역사회 위원회의 자원봉사자들은 사람들을 모아서 지역사회 회의에 참석합니다. 테리는 그들이 많은 면에서 지역사회의 자원이라고 말하죠.

학생들이 중재 기술을 배우고 폭력을 감소시킵니다.

1980년대 초반, 샌프란시스코의 지역사회 위원회는 논쟁 해결을 이끌어내고, 어린이들이 친구들 사이에서 갈등을 중재하는 법을 훈련시키는 운동에서 선구자로 떠올랐습니다. 그 이후로, 주변의 여섯 개 센터 또한 학생들을 위한 긍정적인 갈등 해결 훈련 프로그램을 개발하기 시작했습니다. 대부분 장차 중재자가 되려고 하는 어린이들이 친구들 사이에서 어떻게 논쟁을 해결할지에 관해 10~15시간 정도 훈련받도록 합니다.

지금은 새크라멘토부터 아이오와와 뉴욕에 이르기까지, 2,000여 개의 학교가 참여하고 있습니다. 지역사회 위원회의 접근법에 따라, 어린 논쟁자들은 반드시 네 가지 규칙에 따라야만 합니다. (1) 문제를 해결한다는 데에 동의할 것. (2) 진실을 말할 것. (3) 방해하지 않을 것. (4) 욕하지 않을 것. 뉴욕 교육 위원회^{New York's Board of Education}는 사회적 책임을 위한 교육자 모임the organization Educators for Social Responsibility과 공동으로 1985년부터 창조적 갈등 해결 프로그램the Resolving Conflict Creatively program을 시작했습니다. 지금은 100개 이상의 학교에서 4만 명의 학생들이 참여하고 있죠. 예를 들어, P. S. 321 학교(윌리엄 펜 스쿨the William Penn School이라고 알려진, 뉴욕 시 브루클린 파크 슬로프Park Slope에 위치한 초등학교)에서는 4학년과 5학년 학생들이 학급 친구들의 논쟁을 협상해줄 특별한 훈련을 받은 학생들을 선출합니다. 그들은 특별한 스포츠 티셔츠를 입고 짝지어서 다니면서, 운동장과 급식소를 순찰합니다. 만약 친구들이 싸우거나 다투는 모습을 본다면, 그들은 "우리가 도와줄까?"라고 묻습니다. 당사자들이 중재에 동의한다면, 그들은 샌프란시스코 지역사회 위원회가 사용한 것과 유사한 네 단계를 따르지요.

결과는 놀랍습니다. 어린 중재자들이 그들 학교에서의 갈등을 경이로울 정도로 감소시키고 있습니다. 사례로, 애리조나 주 투산Tucson의 한 중학교에서는, 동기간의 중재로 물리적 싸움의 비율이 석 달 만에 절반 수치로 줄어들었습니다.

이렇게 지역사회와 학교를 기반으로 한 두 성장은 성공적인 중재 가이드라인을 제공합니다. 그들은 중재가 우리의 공적 문화에 한 부분이 될 수 있고, 개인의 삶 또한 도와줄 수 있음을 보여줍니다.

여러분의 관심사를 잘 파악합니다.

효과적인 협상에서 한 가지 장애물은 타협에 대한 두려움입니다. 이를 극복하기 위해서는, 우리가 반드시 미리 곰곰이 생각해보아야 할 것이 있습니다. 만약 우리가 서로의 주요한 관심사를 정확히 알고 있다면 불필요한 두려움 없이 어떻게 타협할지 알 수 있을 것입니다.

시민단체가 '지역사회 보고서'라고 불리는, 학교운영 능력을 평가하는 연례 지역사회 전체 조사에서 학교운영위원회의 책임을 묻는다고 가정해봅시다. 위원회와 만나기 전에, 시민단체 회원들은 조사 내용을 우선 소개하고 학교가 기금 내용에 관한 편지를 발송하는 데 동의할 것인지에 대해서는 함께 이야기해보기로 했습니다. 또한 회원들은 지역사회 전체의 학교 평가 그 자체는 협상하지 않기로 했습니다.

관심사를 얻는 수단이 아닌, 관심사 자체에 집중합니다.

여기서 주의할 점은 논쟁에서 목표 그 자체에 집중하는 대신에, 목표를 달성하는 방법에 관한 소모적인 논쟁으로 샐 수 있다는 점입니다. 이러한 경우에 시민들은 그들의 목표가 모두가 참여할 수 있는 진정성 있는 평가과정이어야 함을 잊지 않아야 합니다. 그래야 이 논쟁이 최선의 결과로 이어질 수 있도록 열린 자세를 유지할 수 있습니다.

여러분은 얼마나 훌륭한 협상가인가요?

오늘부터 한 달 동안, 여러분이 가장 협상하고 싶은 세 가지 이슈는 무엇인가요?

–

앞으로 더 훌륭한 협상을 하기 위해 무엇이 필요할까요?

–

협상에서 여러분의 성과를 가장 잘 판단할 수 있는 사람은 바로 여러분 자신입니다. 다음 달에 부딪힐 위의 각각의 상황에서, 여러분은 얼마나 효과적이라고 생각하나요?

□ 효과적이지 못함   □ 약간 효과적   □ 적당히 효과적   □ 매우 효과적

공통의 관심사를 찾습니다. 차이를 좁혀서 활동합니다.

학교 평가의 사례에서, 시민 단체의 구성원은 스스로에게 '지역사회에 의한 연례 학교 평가에서 학교운영위원회의 관심사는 무엇일까?'에 대해 물을 수 있습니다. 시민들은 학교에 대해 더 높아진 세간의 이목, 그들이 다루기 아주 힘들어지기 전에 문제를 식별하는 것, 지역사회에 의해 더 높아진 주인 의식 등 위원회의 가치를 입증할 방법을 찾기 시작했습니다.

정중한 의사소통을 유지합니다. 거기에 여러분의 관심사가 있습니다!

때때로 여러분은 가장 원하는 것을 얻지 못할 수 있습니다. 하지만 여러분이 의견 교환 과정에서 공손함을 유지한다면, 좀 더 현실 가능성 있으면서도 변화를 이끌어낸 결과물을 얻을 수 있습니다. 예를 들어, 매사추세츠 주의 메리맥 벨리 프로젝트^{the Merrimack Valley Project}가 원하는 만큼 일자리를 유지할 수 없게 됨을 깨닫자, 회원과 직원들은 직업 재훈련을 위한 기금에 관하여 새로운 협상을 할 수 있었습니다. 이는 그들이 협상 내내 회사와 좋은 의사소통 관계를 유지했기 때문에 가

능했습니다.

압박을 중단하고 계속 소통합니다.

극적인 노동 분쟁은 효과적인 협상에 관하여 다른 교훈을 제공해줍니다. 1989년 4월, 전미 광산 노동조합the United Mine Workers of America에 속한 1,700명의 노동자가 피츠턴 석탄 그룹the Pittston Coal Group에 대항하여 파업을 개시했습니다. 뒤이은 투쟁은 매우 격렬했습니다. 아홉 달 동안 지속한 파업으로 다른 열 개 주에서 파업에 동참하였고, 4만 6천여 명의 다른 노동자들에게도 영향을 끼쳤습니다.

결국 노동부 장관은 장기 조정자로 빌 유세리Bill Usery를 지명했습니다. 빌은 피츠턴 CEO와 노조 위원장이 얼굴을 마주하도록 끌어낼 것이라고 약속했습니다. 그의 접근법은 적대적인 노동 운영 다툼에서의 전형은 아니었죠. 그에게 어떻게 '윈-윈' 계약에 도달할 수 있었는지 물었을 때, 그는 전형적인 협상 과정을 부숨으로써 가능했다고 말했습니다. "7일 밤낮을 지새우면서, 저는 노동자와 경영자에게 제안하라고 요구하지 않고, 단지 서로 이야기하도록 만들었습니다. 우리는 주제에 관해서 이야기하였죠. 어떻게 하면 최선의 노동관계를 만들 수 있을까? 어떻게 하면 그들이 원하는 최선의 생산성에 도달할 수 있을까? 한 번에 10~15시간 동안 7일에 걸쳐 우린 대화를 이어갔고, 안정을 취하면서, 서로의 이야기를 경청하고 이해하였습니다. 그러고 나서 2일간 협상이 결렬되었고, 다시 돌아왔을 때, 우리는 한 발짝 물러나서 서로에 대한 더 나은 이해로 새롭게 보려고 노력하였습니다."

서로의 입장에 대한 압력 없이, 단지 이야기만 하는 이 과정이 '총체적 불신'과 '반감'을 부숴버렸습니다. 빌은 양 진영이 계속 이야기하도록 만들었지만, 말실수로 인해 서로 피해를 볼 수 있다는 두려움은 없도록 했습니다. 이 과정을 통해 양 진영이 받아들일 수 있는 합의를 이끌어 냈습니다.

따라서 여러분이 누군가와 대립하게 된다면, 광산 노동자로부터 힌트를 얻어 며칠간의 활동 중단을 선언하십시오. 서로 모여서 굳이 답을 찾으려고 애쓰지 않아도, 여러분이 다시 대화를 시작하게 될 때 해결책을 쉽게 찾을 수 있을 수도 있습니다.

협상 실천방법 적용해보기

앞선 활동에서 여러분은 다음 달에 일어날 것 같은, 여러분의 똑똑한 협상이 요구되는 몇 가지 상황을 목록으로 만들어보았습니다. 여러분이 위에서 언급한 몇 가지 좋은 협상법에 대해 복습했다면, 여러분이 예상하기에 다가오는 협상에서 성공하기 위해 가장 중요한 것은 무엇이라고 생각하나요?

–

각각의 실천 방법을 연습하면서 여러분의 능력을 향상시키기 위해 여러분은 무엇을 할 수 있나요?

–

2

⚬⚬⚬⚬⚬⚬⚬⚬⚬

살아있는 민주주의의 기술 익히기:

함께하는 기술들

다음으로 우리는 여러 사람이 모였을 때 실행하는 민주주의 기술로 넘어가 보겠습니다. 많은 사람이 단체로 모이는 것을 당혹스럽게 생각합니다. 따분하게 앉아 무료했던 모임을 가진 적이 많기 때문이죠. 그래서 만약 살아있는 민주주의가 더 많은 모임을 의미한다고 하면, 당신은 이렇게 생각할지도 모릅니다. "그건 나한테 안 맞아!" 하지만 문제는 모임 그 자체가 나쁘기 때문이 아니라 나쁜 방식으로 모였기 때문입니다. 이 책을 위해 조사하던 중, 우리는 참여자들을 지치게 하는 것이 아닌, 그들에게 활력을 불어넣어 주는 모임들을 관찰할 수 있었습니다. 사람들은 모임이 끝난 후 행복한 성취감을 느끼고 밖으로 나갔습니다. 그들은 즐거움을 느끼기까지 했지요. 그런 모임들은 절대 자연적으로 생겨나는 것이 아니었습니다. 하지만 이러한 모임을 만드는 방법을 배우는 것은 어렵지 않습니다. 심지어 청소년들도 기회만 있다면 배울 수 있습니다.

네 번째 기술: 정치적 상상력 발휘하기

사람들과의 만남을 통해 공동체의 성장을 모색해 봅니다.

특징

· 오늘날의 우리에게 더 가치있고 필요한 현실을 상상해봅시다.

좋은 점

· 창의성을 샘솟게 합니다.

· 실천할 용기를 얻을 수 있습니다.

· 긍정적인 힘을 모으고 나눕니다

· 알맞은 목표를 정할 수 있습니다.

실천방법

· 지금 세상과 미래에 살고 싶은 세상을 비교해보고, 다른 점을 구체적으
로 적어봅시다.

· 두 개의 세상을 동시에 머릿속에 떠올려보려고 노력해봅시다. 생각하
는 동안 냉소적인 태도나 진부한 생각은 되도록 자제합니다.

· 상상한 새로운 미래를 예술과 같은 문화적 통로로 표현해봅시다.

지금 우리가 보는 세상은 매우 암울합니다. 빈곤과 폭력, 환경파괴

처럼 삶을 위협하는 일들이 곳곳에서 더욱 심해져 가는 지금, 긍정적인 대안을 그려보는 게 가능할까요?

하지만 우리가 도달하고 싶은 사회의 모습을 떠올리지 않는다면, 그곳에 도착하는 것 또한 불가능할 것입니다. 때문에 정치적 상상력 발휘하기는 살아있는 민주주의 실천하기 프로젝트에서 핵심적인 부분입니다. 이미 굳어진 지금의 정치 사회적 질서에서 벗어나, 새로운 가능성을 찾기 위해서 정치적 상상력을 발휘해야 합니다. 만약 그것이 제대로 발휘된다면 세계의 질서를 다시 세울 수도 있습니다. 이 개념은 19세기 후반의 혁명가 크로포트킨이 자신을 따르던 제자들을 가르치다 만들어낸 것으로, "네가 살고 싶고 일하고 싶은 세상이 어떤 세상일지 상상해보라. 그 세상을 이루려면 무엇을 해야 하지? 선생님에게 가르쳐달라고 요구하라"고 말했습니다.

· 정치적으로 상상하는 방법들

다음의 방법을 따라 여러분이 만들고 싶은 세상을 상상해보세요.

지금 세상과 여러분이 미래에 살고 싶은 세상을 비교해보세요.

기업부터 지역에 기반한 단체에 이르기까지 사람들은 이미 정치적으로 상상하고 행동하고 있습니다. 이와 관련한 강의나 워크숍 진행자들은 참가자들에게 동네, 직장, 이 세계의 모습을 묘사하고 자신이 바라는 모습은 어떤 것인지 표현하도록 했습니다. 이 훈련을 하는 동안 참가자들에게 세상은 불변하는 것이 아니라 우리의 일상적 선택에 따라 변화한다는 점을 강조하였더니 더 많은 참가자들이 희망적인 생각을 갖게 되었습니다.

당신의 공동체를 다시 상상해보세요.

다른 사람의 답을 읽지 말고, 당신이 사는 지역공동체에서 꼭 이루고 싶은 가치를 5~10가지 정도 나열해보십시오.

–

이제 여러분이 속한 공동체에서 보고 듣는 가치를 나열해보십시오.

–

어떻게 둘 사이를 좁힐 수 있을지 생각해봅시다.

–

두 가지 세상을 동시에 생각하는 연습을 해보세요.

이 단계에서는 지금 있는 그대로의 세상과 우리가 바라는 세상을 비교하면서 토론해봅니다. 두 가지 세상 사이에서 긴장을 유지하면서도 늘 냉소적인 태도나 고지식한 사고를 멀리하도록 주의합니다. 이렇게 비교하는 연습을 하면 사람들은 공적인 영역에서 영향력을 더 잘 발휘할 수 있게 됩니다.

새로운 미래를 예술과 같은 문화적인 통로로 표현해보세요.

예술은 정치적 상상력을 자극하기 위한 강력한 수단입니다. 캘리포니아 주 유키아 시에서는 시민들이 임시로 시청을 갤러리로 바꾼 적이 있습니다. 모든 연령의 사람들에게 10년 뒤 바라는 유키아의 모습을 그려주길 부탁했지요. 그 결과, 다양성과 보편적 가치가 반영된 미래의 지도가 완성되었습니다. 유키아에서 실시한 일련의 과정은 현재에도 미국 내 여러 도시와 마을에서 지속되고 있습니다.

다섯 번째 기술: 공적 대화에 참여하기

모두 함께 고민해야 하는 문제를 공적으로 대화해 봅시다.

특징

- 우리 모두에게 영향을 주는 문제에 대해 공적으로 대화해봅시다.
- 서로의 다름을 존중하면서 대화합시다.

좋은 점

- 관심사를 드러냅니다.
- 지식을 확장하고 깊이 있게 합니다.
- 더욱 창의적인 대안을 만듭니다.

실천방법

- 얼굴을 마주 보고 대화합니다.
- 가능하다면 중립적인 성격의 사회자를 배치합니다.
- 가치를 탐색하기 위해 드러난 현상 이면의 것을 조사하십시오.
- 가끔은 가장 작은 것에서부터 시작해 신뢰를 점점 쌓아가세요.

어디를 향하고자 하는지 알았다면, 살아있는 민주주의는 우리와 다른 비전을 가지고 있는 사람들과 마주치게끔 합니다. 이때 대화가 필요합니다.

흔히 알고 있는 공적 대화란, 정치철학자인 벤저민 바버^{Benjamin Barber}가 말하는 '공론'입니다. 그는 "공론은 세상에 대해 이야기하는 것이 아니다. 그것은 세상을 만들고 고치는 대화를 말한다"라고 썼습니다. 공적 대화를 통해 시민들은 각기 다른 관심사를 모아 공통의 판단을 도출할 수 있습니다. 이 과정이 충분히 실현된다면, 그것은 공적 문제에 관해 다양한 의견이 존중되는 지속적인 대화의 장이 만들어졌다는 것을 의미합니다. 이 장에서는 차이점을 통해 숨겨져 있는 전제들과 새로운 정보를 알 수 있습니다.

앞서 말한 공론의 개념과 극명하게 대조될 정도로 오늘날의 공론은 미디어에 장악되어 있습니다. 미디어는 점점 더 표현을 간단하고 쉽게만 합니다. 정치적 캠페인은 갈수록 자금을 만들어내는 기계가 되어 얼굴을 마주 보고 의견을 나누는 토론의 장이라 할 수 없게 되었습니다. 이는 마을 사람들이 모여 따뜻한 커피와 함께 정담을 나누던 카페가 이제는 던킨도너츠에 밀려 사라진 것과 같은 현상입니다.

상상하는 과정을 북돋는 방법

여러분의 지역공동체, 직장, 또는 학교에서 정치적 상상력을 발휘하는 과정이 얼마나 가치 있는 일인지 생각해봅시다. 또 주변 사람들에게 함께하기를 제안하기 위해 어떻게 이야기할 수 있을지 생각해봅시다.

이제 지역사회를 좀 더 자신이 바라는 가치가 반영된 곳으로 만들 수 있도록 동료 시민들을 돕는 과정을 상상해봅시다. 누가 참여해야 할까요? 어떻게 해야 더 적극적으로 참여할까요? 시민들이 자기 의견이 잘 반영된다고 느끼도록 하려면 무엇이 필요할까요? 지역사회 리더들, 종교 지도자들과 지자체가 해야 할 일은 무엇일까요? 어떤 결과가 나오면 가장 만족할 수 있을까요?

–

우리는 어디서, 어떻게 공적인 대화에 참여할 수 있을까요? 몇몇 사람은 이 물음에 '특정 이슈에 초점을 둔 토론 프로그램'부터 '지역 문제 해결을 위한 주민 회의'까지 다양하고 혁신적인 의견을 내놓았습니다.

이번 장에서는 우리의 목소리를 미디어로 만들어내기 위한 방법을 알아보기 위해 한 사례를 살펴보고자 합니다. 한 제철회사 기술공인 이스마엘 레가르타Ismael Legarreta는 이런 공개적인 대화가 바로 중요한 문제에 대해 발언할 기회를 거의 갖지 못한 사람들에게 진정으로 필요하다는 것을 깨달았습니다.

· 공적 대화는 어떻게 할 수 있을까요? ────────

다음은 시민들이 매일 공적 대화를 할 수 있는 방법들입니다.

얼굴을 마주 보고 대화하십시오.

"우리 주위를 둘러보면, 다른 사람들과 서로 싸울 수 있는 상황은 매우 많다. 하지만 우리가 원하는 것은 단지 서로 마주 보고 대화하는 것이다"라고 코네티컷 환경회의의 글렌 그로스는 말했습니다. 그래서 글렌과 동료들은 환경 문제를 토론하는 '스터디 클럽'을 만들었습니다. "우리가 목표로 하는 건 단순히 이야기하는 걸 넘어서서 서로 마주 보고 대화할 수 있는 세계를 만드는 것입니다."

글렌이 만든 스터디 클럽은 전혀 새로운 개념이 아닙니다. 스웨덴에서 빌려온 '스터디 클럽'이란 용어는 스웨덴 사람들에겐 이미 삶의 일부입니다. 오늘도 30만 개가 넘는 스터디 클럽이 그 작은 나라에서 열리고 있지요. 물론 미국인들도 직장, 마을회관, 학교, 교회에서 느슨한 구조의 이러한 스터디 그룹을 운영해가고 있습니다.

중립적인 사회자를 두고 관점이 다양한 글들을 이용하십시오.

하나의 스터디 그룹에서 서로 생각이 다른 참가자들에게 토론할 주제에 대해 다양한 관점이 담겨 있는 공통의 기본 자료를 제공합니다. 글을 다 읽고 나면 중립적인 사회자를 중심으로 서로 생각을 교환하고 차이점을 '조정하기' 시작합니다. 참여자들은 대체로 이슈에 대해 더욱 깊이 이해하게 되며, 가끔은 행동으로 연결되는 지점을 찾기도 합니다.

당신의 공적 대화를 생각해봅시다.

가장 최근에 중요한 공적 문제에 관해 깊이 있는 대화를 한 적이 있나요? 어떻게 대화를 시작하게 되었나요?

–

기분이 어땠나요?

–

대화를 주고받는 과정이 충분했나요?

–

그 토론에서 누군가의 관점이 바뀌거나 발전했나요?

–

당시 참가자들이 토론에서 뭔가 얻은 게 있는 것 같나요?

–

메인 주의 사라 캠벨[Sarah Campbell]은 주립 교회 협의회의 커뮤니케이션 담당자입니다. 걸프전이 발생했을 당시 협의회는 적절한 대응을 하기 위해 무척 고심했습니다. 사라가 "서로 관점이 너무 달라서 전쟁에 대한 공식 입장을 밝히는 건 무리였어요"라고 할 정도였지요. 그 대신, 그녀는 스스로 역할을 중립적인 사회자이자 교육자로 정했다고 설명했습니다. 협의회는 스터디 서클 지원센터에서 만든 책자인 『걸프전의 위기』를 보고 토론을 시작했습니다.

가치를 탐색하기 위해 이면의 것을 조사하십시오.

이스마엘 레가르타는 토론 그룹을 통해 사람들을 대하는 태도가 어떻게 달라졌는지를 설명해 주었습니다. "상대방이 어떤 사람인지 보게 돼요. 사람들은 가끔 말도 안 되는 말을 하긴 하지만 점차 왜 그런 이야기를 하는지, 이 사람이 어디서 왔고, 어떤 환경에서 어떻게 자랐는지 차츰 알게 되죠. 그러면 그 사람에 대해 단정 짓지 않게 돼요. 다만 우리가 해야 하는 것은 무엇 때문에 그 사람이 이런 말을 하게 되었는지 찾는 일입니다."

가끔은 가장 작은 것에서부터 시작해 보세요. 신뢰가 점점 쌓일 것입니다.

댄 케미스^{Dan Kemmis}는 몬태나 주 미줄라 시의 시장이었습니다. 그는 오랫동안 미줄라가 정치적 이념으로 분열되어 있는 데 문제를 제기했습니다. 이에 1980년대 댄과 경제부장은 과감한 결정을 내립니다. 바로 서로 다른 두 사람을 초대해 변화를 위한 방법에 대해 말하도록 한 것이죠.

이 그룹은 점차 24명으로 늘어나 정치적 이념의 양 진영을 대표하는 사람들을 골고루 포함했습니다. 이 그룹은 이후 스스로를 '미줄라 협의회'로 부르게 되었습니다. 협의회에 들어오려면 간단한 약속을 지키기로 서약하기만 하면 됩니다. 바로 "토론이 합의점을 찾지 못하더라도 우리의 목표는 이 정치적인 토론을 통해 상대방에게 귀를 기울일 수 있고 상대방도 귀를 기울일 수 있도록 발언하는 데 있다"는 약속이죠. 댄은 "매우 힘든 과정이었고 시간이 오래 걸렸다"라고 말합니다.

신뢰는 느리게 쌓여갔습니다. 하지만 결국 협의회 회원들은 서로의 차이점을 넘어서 중대한 문제를 같이 이야기할 수 있게 되었습니다. 스키장을 짓는 이슈에서는 "평소라면 몇 년 동안 서로 분열되어 있을 만한 문제들이 산재했다"고 댄은 말합니다. 그러나 협의회는 시민들에게 이 문제에 대해 양측 입장 모두에게 의견을 달라고 문의했고, "지역에 피해를 최소화하는 선"에서 모두의 의견을 듣고 싶다고 밝혔습니다.

공적 대화의 장을 찾고 만들어보세요.

이 이야기들을 듣고 난 후 삶에서 공적 대화의 필요성을 확신하게 되었나요?
–

만약 그렇다면 그들의 이야기를 통해 여러분은 스스로 공적 대화의 장을 더 만들 수 있는 기회를 찾을 수 있나요?
–

두 번째 질문에 그렇다고 답했다면, 그 기회를 현실로 만들기 위해 가장 먼저 무엇을 할 건가요?
–

양측은 덜 자극적인 방법으로 자료를 모을 수단이 있어야 한다는 데 동의했습니다. 그래서 대립하는 내용만 보여주는 자료를 모으지 않고 함께 성과를 일궜습니다. 결국, 협의회에서 모은 자료가 바로 스키장 문제를 해결하는 열쇠가 되었습니다.

　이후 경제부장과 댄이 각자 시장 선거에 출마했을 때 협의회 활동은 오랫동안 침체되었습니다. 하지만 댄이 재선된 후 그는 협의회를 "시장 협의회"로 탈바꿈했습니다. 댄은 시립협의회에서 성별, 경제 수준, 이념으로 회원들이 차별받지 않도록 노력했습니다. 댄은 상기된 목소리로 말합니다. "이렇게 균형을 만들어 내는 건 정말 소중합니다. 저는 매우 중대하고 의견이 대립하는 문제들을 협의회에 가져갈 수 있고 사람들은 각자의 위치에서 미줄라 시를 위한 결정이 무엇인지 생각해야 합니다."

여섯 번째 기술 : 함께 결정하기

함께 결정하기는 시민들이 진정으로 실행하기 원하는 선택을 가능하게 합니다.

특징

· 대화와 성찰을 통해 비판적 이성이 반영된 결론을 만듭니다.

좋은 점

· 좀 더 나은 결론을 낼 수 있습니다.

· 날카로운 대립을 기꺼이 받아들이고자 하는 의지를 가질 수 있습니다.

실천방법

· 상대방의 선택이 불러올 결과를 받아들이는 법을 배우십시오.

· 대안적 선택이 지니고 있는 가치를 탐색하십시오.

· 임의로 선발된 시민 그룹에서 토의해 봅니다.

이전 장에서 살펴봤던 공적 대화는 많은 사람들이 '공적 결정'이라고 부르는 것을 가능하게 합니다.

공적 결정은 여론이 아닙니다. 흔히 여론조사라고 하는 것은 갑자기 도출된 결과라서 이슈에 관해 표출하지 않은 개인의 생각과 의견은 반영하지 않습니다. 공적 결정은 나와 다른 가치를 가진 사람들에게 귀를 기울이고, 가치는 서로 충돌한다는 사실을 깊게 이해할 때야 가능한 것입니다. 앞 장에서 우리가 살펴본 코네티컷 주민들과 몬태나 주민들이 겪었던 소중하고도 굉장히 어려운 과정이 바로 공적 결정을 보여주는 적절한 예시입니다.

공적 결정에도 대화가 필요합니다. 하지만 다른 점이 있다면 좀 더 중요한 선택을 하기 위해 마음을 모아야 한다는 점입니다.

· 공적 결정 실천방법

어떻게 공적 결정에 도달하는지 배운 미국인들의 사례에서 방법을 찾아봅시다.

우리가 선택함으로써 올 결과를 담담하게 받아들이십시오.

대니얼 양켈로비치[Daniel Yankelovitch]의 저서 『공적 결정에 이르는 방법』은 양질의 결정을 이끌어내는 주요 요인이 시민들이 얼마나 많은 정보를 갖고 있느냐가 아니라고 주장합니다. 오히려 "대중들이 그들의 의견에 책임을 다하고자 한다면 그 결정의 질은 높다고 여겨야 합니다. 반대로 어떤 이유에서건 책임을 질 준비가 되어 있지 않다면 그 결정은 좋을 리 없습니다"라고 말합니다. 다니엘은 시민들이 더 많은 공공 서비스를 요구하지만 서비스에 합당한 세금을 내려고 하지 않는 상황이 바로 안 좋은 공적 결정이라고 봅니다.

1988년 매버릭 연구소는 아리조나 주립대학의 4-H와 함께 12~18세에 이르는 청소년 360명을 소규모 그룹들로 나누어서 긴급하게 이야기해야 할 사회 이슈를 토론하게 했습니다. 공적 결정 로드맵을 실행한 청소년들은 이전과 매우 달랐습니다. 어떤 그룹에서는 진보적인 관점, 즉 청년층이 공공의 발전을 위해서 과세하는 데 동의하자는 관점에 대해 이 로드맵을 따라 토론을 했는데 살짝 과반수였던 초반과 달리 7:1이라는 압도적인 지지로 토론이 끝났습니다.

　사람들은 어떤 방식으로 첨예한 관점 차이에서 균형을 만들고 받아들일까요? 서로의 대안을 비교해볼 때에만, 또 외부에 의해 강제로 만든 균형의 결과가 아닌 스스로 만든 선택이어야 그대로 받아들일 것입니다.

공적 결정 구성하기

공적 결정을 어디서 주로 만드나요? 직장? 학교? 지역 내에서?

－

나 없이 진행되었지만 나와 내 가족도 영향을 받는 사안에 대한 결정이 내려졌다고 생각해보세요. 여러분은 그 결정을 존중할 수 있나요?

－

이 문제에 대해 공적 결정을 하는 과정에서 무엇을 할 수 있었을까요?

－

다음 주에 이 이슈에 대해 공적 결정을 추진한다면 제일 먼저 무엇을 할 건가요?

대안적인 선택에 전제된 가치를 알아보십시오.

오레건 주에서 일어난 건강 결정 운동은 평범한 시민들이 서로 다른 가치를 이해하면서 건강 보험에 대한 토론을 이어갈 수 있었는지를 보여주는 확실한 예시입니다. 모두가 공유하는 핵심적인 한 가지 가치(건강보험의 기본 가치는 시민들이 민주주의 정부를 통해 다른 시민을 돕는다)에 동의함으로써 오레건 주 주민들은 이후 더욱 까다로운 공공 펀드 할당 문제에서도 공공결정을 통해 해결책을 내놓을 수 있었습니다.

임의적으로 선택된 시민 단체에서 토의해보십시오

미국인들 중에는 정치토론이 쇠퇴해서 10초가량의 뉴스만으로 시민 배심원들이 공적 결정을 내릴 수 없다고 말하는 사람들도 있습니다. 하지만 시민 배심원으로 참여해보는 경험은 무척 중요합니다. 시민 배심은 임의적으로 뽑힌 시민들이 함께 모여 문제에 대해 공부하고 그 결과물을 시민에 공개합니다.

시민 배심단의 가능성을 보여준 것은 1992년 판결이었습니다. 당시 여성유권자연맹은 필라델피아 시민 배심단과 피츠버그 시민배심단을 지원했습니다. 평균 연령이 18살인 이 배심단들은 전화문의로 무작위로 뽑혔지요. 두 배심단은 상원의원 후보자 2명의 기록을 조사했고 비밀을 보유한 증인을 세워 이틀간 청문회를 열었으며 사흘째에야 후보자들을 청문했습니다. 이후 배심단이 살펴본 기록들과 배심단이 내린 결론이 일반 시민에 공개되면서 다른 시민들에게 보여준 배려가 진정한 공공 서비스임을 사회에 각인시켰습니다.

3부

살아있는 민주주의의 삶

민중^{demos}에 의한 지배^{kratia}라는 어원을 가지고 있는 민주주의^{demokratia}는 사실상 인류의 역사 이래 한 번도 완벽하게 실현된 적이 없습니다. 어느 시대 어떤 지역에서도, 공동체 안에서 이루어지는 의사결정과정에 참여할 권리가 모든 공동체 구성원에게 고르게 나누어진 적은 없었기 때문입니다. 이런 상황에서 이미 존재하는 공동체의 불평등한 질서를 강화하고 존속하려는 힘은, 정치적 의사결정에서 배제된 자들을 끊임없이 억압해왔습니다. 따라서 민주주의의 역사란 공동체의 의사결정과정에서 배제되어 이미 권력을 차지한 집단의 통치에 의해 지속적인 억압을 견뎌야 했던 이들이, 통치의 장으로 진입하기 위해 일으켰던 불화와 투쟁의 역사로 볼 수 있습니다.

그렇다면 한국에서 민주주의는 어느 정도로 실현되어 있을까요? 해방 이후 한국 사회에서의 민주화 역시 무력을 통해 통치 권력을 독점한 집단과 이들로부터 주권을 민중의 손으로 다시 찾아오려는 민주화 세력이 일으킨 투쟁의 역사였습니다. 그러나 1987년 독재 군부 정권의 시대가 민중들의 힘에 의해 막을 내리면서 한국 사회는 이른바 절차적 민주주의, 또는 형식적 민주주의라 불리는 새로운 사회질서를 확보하게 되었지요. 하지만, 어떠한 정치적 주체화 과정도 없이 그전까지 국가 공동체의 의사결정과정에 무관심했거나 무지했던 이들, 혹은 독재적 권력의 억압 하에 통치에 대한 시민적 권리를 행사할 능력을 키우지 못하고 생업에 열중할 수밖에 없던 이들이 형식적인 민주시민으로 변신한다고 해서 민주주의가 실현된 것은 아니었습니다.

그 후 30년이 지난 현재, 우리는 과연 민주주의 국가에서 살고 있습니까? 즉, 우리의 국가 공동체는 민주주의의 주체인 시민에 의해, 혹은 그들의 의견을 정확히 반영하는 대표자들의 통치에 의해 운영되고 있나요? 2017년 3월 10일, 헌정 사상 초유의 대통령 탄핵이라는 결과를 가져온 일련의 정치적 부패 사태만 보더라도 결코 그렇지 못하다는 것을 알 수 있습니다. 거대한 촛불시위의 물결은 당장에 표면으로 드러난 부정의를 제거할 수는 있었지만, 그 부정의를 만들어내는 구조 자체를 개선하지는 못했습니다. 체계적 불평등을 만들어내는 구조적 부정의를 개선하기 위해서는 시민들이 일상에서부터 자신의 정치적 권리를 인식하고 그 권리를 실행할 수 있는 역량이 필요합니다. 그러므로 앞서 소개한 살아있는 민주주의를 실천하기 위한 삶의 기술을 한국의 현실에 맞게 적용할 수 있다면, 지금 우리 사회가 절실히 필요로 하는 정치적 주체로서 민주시민을 길러낼 수 있을 것입니다.

이 책의 마지막 3부에서는 한국의 청소년들에 의해 실제로 살아있는 민주주의가 실천되고 있는 장을 소개하려 합니다. '정의로운 세상을 꿈꾸는 청소년, 세계와 소통하다(정세청세)'라는 이름의 청소년 인문 토론의 장입니다. 정세청세는 2007년 부산에서 처음 시작되어 2017년까지 전국 32개 지역에서 열려온 청소년 인문 토론 행사로, 청소년들이 자발적으로 함께 고민해야 할 문제를 주제로 정하여 직접 찾은 관련 자료를 함께 보며 토론하는 방식으로 진행됩니다. 3부에서는 지금까지 알아본 살아있는 민주주의의 요소가 어떻게 정세청세에 반영되어 있는지 살펴볼 것입니다. 정세청세에 참여한 청소년들의 목소리를 통해, 살아있는 민주주의를 실천하는 새로운 주체의 탄생 가능성을 실감할 수 있을 것입니다.

1

ooooooooo

새로운 시대를 열어갈
정치적 주체, 청소년

새로운 정치적 주체

민주시민의 역량을 갖춘 정치적 주체로 청소년을 주목한 이유는 이들이 가진 보편적 성격 때문입니다. 청소년은 어느 세대보다도 인종, 이념, 지역에 상관없이 이 세계를 순수하고 보편적인 눈으로 바라보고 경험할 수 있는 능력을 지니고 있습니다. 이들은 또한 교육을 통해 새롭게 민주주의의 능력을 키울 수 있는 가능성을 담지하고 있는 세대이기도 합니다.

따라서 청소년은 사회를 살아가는 한 일원으로 그들의 존재에 대한 목소리를 낼 수 있는 통로가 필요하며, 그것이 수렴될 수 있는 장치가 필요합니다. 그리고 그들에게는 민주시민으로 성장할 수 있는 기회와 훈련의 시기가 필요합니다. 민주주의의 기본 원리가 평등한 공생의 원리, 즉 공동체의 일원이자 공통된 주인으로서 다른 구성원들과 공감하고 공생할 수 있는 능력이라고 한다면, 청소년기는 그를 훈련할 수 있는 가장 중요한 시기이기 때문입니다. 그러므로 청소년은 선거권이 없으므로 무관심해도 되는, 혹은 정치적으로 중립이어야 하는 계층이 아니라, 민주주의라는 제도와 그 기능, 가치를 체득할 수 있기에 가장 급진적 정치 주체여야 합니다. 그러나 대한민국 청소년은 입시경쟁체제의 압박 속에 민주시민으로서 필요한 능력들을 훈련할 기회를 박탈당하고 있습니다.

두려움과 결핍을 만드는
교육 제도

한국 교육의 본질적인 문제는 학생들이 스스로 내면에 끝없이 두려움을 심고, 결핍을 느끼도록 한다는 것입니다. 교육의 본령은 한 인간이 자신을 둘러싼 세계와 좋은 관계를 맺으며, 자신이 가진 고유한 잠재성을 잘 실현할 수 있도록 돕는 것입니다. 사람은 자기에게 맞는 일을 하고, 좋은 사람들과 어울리며, 자신의 욕구와 욕망을 충족시키면서도 다른 이들과 공존하는 공동체 일부분으로 살아갈 때 행복과 삶의 의미를 느낍니다. 그렇기 때문에 교육의 가장 중요한 역할은 내가 어떤 사람인지를 알고, 자신을 바로 세우는 것입니다. 스스로 자신의 정체성을 정립할 수 있는 사람만이 타인과 제대로 관계를 맺을 수 있습니다. 그럴 때 인간은 기쁨과 충만함을 느낍니다.

반면에 인간은 외부의 상황에 대하여 두려움을 느끼거나, 자신이 부족하다고 생각할 때 행동을 수정합니다. 상황의 변화에 따라서 자신의 행동을 고쳐가는 것은 분명 중요한 사회적 능력입니다. 하지만 그것이 지나치면 자신을 잃어버리게 되고, 자존감은 떨어지며, 항상 주변의 눈치를 살피거나 권위자의 말에 맹종하게 됩니다. 학창 시절을 생각해봅시다. 분명 학교에서 배우는 것이 재밌기도 했지만, 점점 입시에 다가가면서 내가 좋아하고 잘하는 것을 더 많이, 더 열심히 하기보단 부족한 것을 메우는 데 급급해지는 자신과 마주합니다. 수학이 부족하니까 수학 문제를 더 많이 풀고, 수학 학원에 다녀야지. 이번에 영어 성적이 떨어졌으니 영어에 시간을 많이 쏟고, 과외를 해야지. 끝없이 부족함이 생기고, 그것을 메워가지만 마치 밑 빠진 독처럼 부족함은 사라지지 않습니다. 이는 초조함과 공포로 이어집니다. 요즘은 대학생도 마찬가지인 것 같습니다. 대학을 다니면서도 학점 관리에 각종 스펙 관리에 내게 '부족한' 것을 메우려는 강박을 많이 보게 됩니다.

이렇게 부족한 것에 대한 감각은 협박으로까지 이어집니다. 고등학교 3학년이 될 때까지 한 번도 사교육을 받지 않은 학생이 있었습니다. 그러다가 처음으로 영어학원을 갔다고 합니다. 거기서 영어학원 상담 교사로부터 지금까지 뭐했냐며, 이렇다가 인생을 망친다고, 지금 당장에라도 영어 수업을 안 들으면 안 된다는 말을 들었다고 합니다. 대체 무슨 자격으로 한 아이의 인생을 재단하고 공포를 심어주었는지에 대해서 알 길이 없으나, 영어를 가르치는 사람으로서 영어를 배울 때 생기는 즐거움과 영어를 통해서 커지는 행복과 자유, 가능성에 대해 말하기보단 어린 학생의 삶을 송두리째 부정하는 협박을 했다는 사실은 큰 충격입니다.

고등학생에 국한된 이야기가 아닙니다. 한 중학교 2학년 학생은 국어 시험이 끝나고 나면 선생님이 수업시간에 1등부터 꼴찌까지 성적을 일일이 불러주며 시험 성적이 낮은 친구들에게는 면박을 준다고 했는데, 그런 경험에서 수치스러움을 느꼈다고 했습니다. 왜 공부를 잘하고 못하는 것으로 상처를 받아야 하고, 서로를 미워해야 하고, 경쟁해야 할까요.

문제의 기원을 찾아서

EBS 다큐멘터리 〈시험〉을 보았습니다. '시험 공화국'이 된 한국의 모습을 들여다보는 다큐멘터리였는데요. 이 다큐멘터리 4부에서는 '서울대 A⁺의 조건'에 대해 밝힙니다. 한국 최고의 명문대인 서울대학교, 그 서울대에서도 가장 우수한 성적을 받는 이들의 비결이 과연 무엇일지 궁금했습니다. 얼마나 창의적이고, 지혜로우며, 자신과 국가의 발전에 기여하는 이들일까요. 그러나 이 다큐멘터리는 마치 스릴러 영화를 보는 듯한 공포와 충격을 줍니다. 서울대학교에서 좋은 성적을 받는 이들의 공부 비결은 수업 시간에 교수님이 말한 것을 농담까지도 하나도 빠짐없이 받아적어 외우고, 그것도 모자라 수업 전체를 녹음하여 몇 번씩 들으며 암기하는 것이었기 때문입니다.

이들에게 물었습니다. 만약 시험에 나온 질문에 교수님의 생각보다 내 생각이 더 좋다는 생각이 들 때 거기에 내 생각을 적겠느냐고요. 대부분 학생들은 손사래를 치며 절대 그러면 안 된다고 말합니다. 굳이 그럴 필요가 없다는 것이지요. 자기 생각, 소신, 신념, 양심, 주관보다는 교수님의 의견을 그대로 받아 적는다는 그들의 모습에서, 진실보단 윗사람 눈치 보기에 급급한 지금 사회 지도층이 겹쳐 보이는 것은 우연이 아닐 것입니다. 우리 사회에서 높은 자리에 가기 위해서, 성공하기 위해선, 돈을 벌기 위해선, 똑똑하게 자신의 이익을 챙기기 위해선 사회 정의와 진실을 덮는 한이 있더라도 권력자의 눈치를 봐야 하는 현실이 아닌지요. 그리고 이 다큐멘터리에서 가장 안타까운 부분은 처음에는 그렇지 않은 사람들도 점차 행동을 교정하게 된다는 것을 보여주기 때문인데요. 처음에는 창의적이고 수업시간에 질문도 많이 하던 한 학생은 성적이 잘 나오지 않자 앞서 나온 비법들처럼 그저 수업을 처음부터 끝까지 외우는 학습으로 돌아서게 된 것입니다. 그리고 성적은 '폭풍상승'했고, '질문왕'은 없어지게 되었습니다.

사회 지도층이, 그리고 그 지도층이 되려는 사람들이 자신의 신념과 양심에 따르기보단, 사회의 정의와 공공의 행복을 위해 힘쓰기보단, 윗사람의 눈치를 보고 사적인 이익을 취하는 것에만 급급하다면 결국 사회는 근본에서부터 썩을 수밖에 없습니다. 그렇다면 왜 우리는 이렇게 눈치 보는 것을, 자신의 신념보단 권위자의 말에 따르는 것을 당연하게 여기게 되었나요?

가만히 있으라는 명령

한국 사회에서 청소년은 미성숙한 존재로, 어른들의 말을 들어야만 하는 존재로 이해됩니다. 그도 그럴 것이 지금의 교육 속에서 청소년들은 스스로 자기 삶의 주인이 되는 경험을 해본다든지, 우리 사회에서 책임감 있게 무언가를 기획하고 진행해볼 경험이 없습니다. 그러므로 결국 청소년인 너희는 부족하니 내가 하는 대로 따라오라 하는 식의 문화, 혹은 끝없이 인간 내부에서 불안과 공포와 결핍을 조장하는 교육 체계가 존속되고 있습니다. 이것이 향하고 있는 것은 대체 어디입니까. 지금의 교육은 당장 시험 기계를 만드는 것은 유용할 수는 있으나, 인간적인 삶을 영위하기 위해 필요한 것은 아무것도 가르치지 않습니다. 이는 미래에 우리 사회를 더 좋은 사회로 만드는 일에도 전혀 도움이 되지 않습니다. 이렇게 잘못된 교육 체계로 인한 피해는, 사실은 아무 책임도 없는 어린 미래 세대가 져야 합니다. "가만히 있으라!"는 명령에 수백 명의 어린 학생이 죽어간 세월호 참사는 결코 우연히 일어난 사고가 아닙니다. 어른들이, 기성세대가 만든 문제에 대한 책임을 돌이킬 수 없는 어린 생명들의 목숨으로 져야 했습니다.

우리 사회가 겪고 있는 수많은 문제의 근원에 교육 체계가 있다고 생각합니다. 교육이 모든 문제의 원인이라거나, 교육이 바뀌면 모든 것이 해결될 수 있다고 말할 수는 없을 것입니다. 그러나 적어도 한 인간의 가치관을 형성하는 교육 체계가 좋은 방향으로 변화할 때 우리는 더욱 행복한 삶과 세계를 형성할 가능성이 커진다고 생각합니다. 그러나 만약 우리 교육이 바뀌지 않는 한 또 다른 참사가 더 은밀하고, 끔찍하게 반복될 것입니다.

새로운 시대를 향하여

두려움과 결핍의 근원에 경쟁이 있습니다. 그리고 우리는 경쟁 사회 속에서 살고 있으며, 조금이라도 더 경쟁력 있는 사람이 되고자 노력하고 있습니다. 그러나 개인들의 노력과 상관없이 그 개개인들의 삶의 바탕에 자리 잡은 우리 사회 구조는 경쟁하고 노력할수록 개인의 삶을 피폐하게 만듭니다. 그리고 그 사회 구조는 감히 단언하여 말씀드리건대 '낡았습니다.' 한국이 개발도상국이던 시절, 산업화 단계에 있던 시절에 모두를 '표준화'시키고, 무조건 많이 외우게 했던 주입식 교육은 그 나름대로 효과가 있었습니다. 공장식 노동에 기초한 대량 생산에는 표준적인 노동력이 많이 필요한 시대적 요구와 맞아떨어진 것이죠. 한국이 눈부신 경제성장을 한 주요한 요인 중엔 산업화에 적합했고, 뛰어난 '인적 자원'이 바탕이 된 것을 부인할 수는 없습니다.

그러나 문제는 시대가 변하고 있다는 것입니다. 더는 학교 교과서 중심의 일방적이고, 획일적인 주입식 교육은 의미가 없습니다. 오히려 끝없는 비극을 낳고 있습니다. 우리나라 최고 대학이라는 서울대학교에서조차 자유와 비판보단 수용과 주입을 가르치는 교육이 이루어지고 있고, 그 속에서 권력에 복종하며 자신의 이익을 극대화하는 이기적인 인간은 끝없이 양산되고 있습니다. 그 피해는 고스란히 국민들에게 돌아옵니다. 그리고 그것은 비열하게도 가장 약한 사람에게 가장 먼저 찾아옵니다. 물론 세상에 정의를 외치는 뛰어난 사람들이 없는 바 아닙니다만, 우리 교육이 바로 그런 정의를 외치는 사람들을 '존경', '선망'하게 만드는지, 어떻게든 남을 짓밟고 이기는 것을 '욕망'하게 만드는지 우리는 냉정하게 지켜봐야 합니다.

새로운 시대에는 시험을 잘 치는 것도 중요하지만, 그보다 어떤 사람으로 어떻게 살아갈 것인지에 대한 공부 즉, 삶을 위한 공부가 더 중요합니다. 타인과의 경쟁에서 이기는 것도 중요하지만 그보다 타인과 협력하고, 상호작용하며, 공존하고 공감하며 공생하는 삶이 더 중요합니다. 명령으로 이뤄지는 수직적인 의사소통이 아니라 소통과 설득, 대화로 이뤄지는 수평적인 의사소통이 더욱 중요합니다. 모든 것을 다 아는 것보다 작은 앎이라도 실천으로 옮기고 변화를 만들어낼 수 있는 것이 더 중요합니다. 내가 어떤 대학을 다니고, 어떤 회사에서 얼마의 돈을 받으며, 어떤 지위에 있느냐보다, 내가 누구이며, 나는 어떤 사람들과 관계 맺고 살고 있으며, 어떤 일을 하는지가 더 중요합니다.

우리에게 필요한 살아있는
민주주의 교육

결국 현재 우리에게 가장 필요한 교육은, '살아있는 민주주의'를 가르치는 민주시민 교육입니다. 그리고 교육은 한 인간이 스스로 자유와 행복을 추구하며, 자기 삶의 주인으로서 자존감을 되찾는 것에서부터 시작해야 합니다. 청소년들은 결코 부족하거나 미성숙한 존재가 아닙니다. 자신이 누구인지, 어떤 가치관을 가지고 살아갈 것인지, 어떤 일에 흥미가 있고 좋아하며 잘하는지, 찾아가고 고민하는 존재입니다. 그런 청소년들과 함께 이야기를 나누고, 사유할 수 있는 교육이 필요합니다. 그 어떤 기성세대보다도 순수하고 정직하게 자신의 삶과 세계에 대해서 정의를 말할 수 있습니다. 다른 사람의 목소리에 귀 기울일 수 있으며, 뛰어난 감수성으로 공감할 수 있습니다. 환경 문제, 전쟁 위기, 경제적 양극화, 서로를 혐오하는 문화 등 우리가 마주하고 있는 수많은 진짜 문제들은 기성세대의 논리와 방법으로는 풀 수 없는 것들입니다. 오히려 그 논리는 문제들을 강화해왔지요. 이런 시대적 과제를 책임지고 풀어갈 세대들을 우리 교육은 키워내야 합니다. 그런 교육 혁명이 필요합니다. 제대로 된 민주시민 교육이 절실합니다.

분명 청소년, 청년들은 지금 사회가 이렇게 된 것에 대한 책임에서 기성세대보다는 자유롭습니다. 우리가 만든 게 아니기 때문이죠. 하지만 우리가 만들지 않았더라도 우리는 이 세계의 주인이며, 이 세계에 발붙이고 살아가야 하는 책임 있는 민주시민입니다. 또한, 지금부터의 미래는 우리가 만들어가야 합니다. 그랬을 때 나는 정말로 살아있는 민주시민인지를 돌아봐야 할 것입니다. 학교에서 수업시간에 다른 친구가 질문할 때 "쟤 좀 나댄다"고 생각한 적은 없는지, 누군가가 따돌림 당할 때 그 따돌림 당하는 아이의 편에 서지 못한 적은 없는지, 나를 둘러싸고 옥죄는 결핍과 두려움과 공포에 져버린 적은 없는지 생각해봅시다. 더 근본적으로 우리는 더욱 깊이 있는 나 자신과 만나야 합니다. 진정으로 나는 누구인지, 나는 무엇을 잘하고 즐거워하는지, 어떨 때 나는 행복하고 그 행복을 더 많이 나누기 위해서 무엇을 하고 있는지 말입니다. 이 한 번밖에 없는 삶을 어떻게 살아갈 것인지 진실로 뜨겁게 질문해야 합니다. 내 삶의 주인으로서, 또한 이 세계의 일원으로서 나는 이 사회가 어떤 방향으로 나아가야 하는지 고민해야 합니다. 큰 뜻을 품고, 끝없이 성찰하고 반성하며 나아가야 합니다.

이 땅에 청소년으로 존재하기

민주주의의 장에서 청소년은 아직 온전한 주체로 인정되지 못하거나 배제되어온 계층입니다. 이들에게 선거권이 부여되지 않는 것이 그 단적인 예이겠지만, 단순히 눈에 보이는 것뿐 아니라 청소년, 특히 현재 한국 사회에서 청소년은 학생 이상의 정체성을 부여받지 못하고 있습니다. 즉, 보호대상, 기존의 법칙을 따라야만 하는 존재, 부여된 것을 따르고 그를 습득해야만 하는 주체. 불완전하고 유약하며, 아직 삶의 기술을 습득하지 못한 자이기 때문에 '수동적으로' 모든 것을 결정 받아야 하는 대상으로 여겨지고 있는 것입니다. 대한민국 청소년들은 학생이기 때문에 교과 이외의 사유, 행동, 경험 등에 대한 가치 평가 자체를 거부당합니다. 새로운 모험과 도전 없이 교실에 앉아 주어진 시험지와 사투하는 것밖에 해보지 못한 아이들은 자신이 한 생명체로서 어떻게 살아야 하는지 배우지 못하고 있습니다. 이러한 과정 속에서는 평등하고 정의로운 세상을 꿈꾸는, 민주시민에 적합한 인간은 탄생할 수 없겠지요.

청소년에게는 민주시민으로 성장할 수 있는 기회와 훈련 또한 필요합니다. 민주주의의 기본 원리가 평등한 공생의 원리, "하나의 공통된 주인"으로서 공감하고 공생할 수 있는 능력이라고 한다면, 청소년기는 그를 훈련할 수 있는 유일한 시기입니다. 그러므로 청소년은 선거권이 없으므로 무관심해도 되는, 혹은 정치적으로 중립이어야 하는 계층이 아니라, 민주주의라는 제도와 그 기능, 가치를 체득할 수 있는 가장 급진적 정치 주체여야 합니다.

그렇다면 한국의 입시경쟁체제의 압박 속에 갖가지 제한 조건에 묶여 있는 대한민국 청소년은 어떻게 민주시민에게 필요한 능력들을 훈련할 수 있을까요? 이에 대한 하나의 사례로 부산의 청소년을 위한 인문학 서점, 인디고 서원에서 2007년 처음 시작해 2017년 현재까지 전국 34개 지역에서 열려온 청소년 토론의 장 '정세청세'를 소개하고자 합니다.

청소년 인문 토론의 장,
정세청세

2007년, 청소년을 위한 인문학 서점 '인디고 서원'에서는 책을 읽고 생각을 나누는 청소년들의 토론 수업이 한창이었습니다. 18살의 청소년들은 『희망의 인문학』을 함께 읽었고, 그 책에는 "인문학을 통해 삶을 주체적으로 살아가는 민주시민이 될 때, 빈곤의 대물림은 근본적으로 해결될 수 있다"는 것을 증명한 '클레멘트 코스'가 소개되어 있었습니다. 이를 읽고 영감을 받은 청소년들은 우리가 할 수 있는 인문학 기획은 무엇이 있을지 고민하였습니다.

고민 끝에 인문학을 통해 삶의 의미와 행복을 되찾는 일이 절실하게 필요한 대상은 다름 아니라 청소년 그 자신이라는 사실을 알게 되었습니다. 과도한 경쟁 시스템과 주입식 교육으로 지쳐있는 대한민국 청소년의 현실에서 설혹 경제적으로 부유하거나 모두가 선망하는 명문대에 합격한다고 해도 그것이 자신이 선택한 길이 아니라면 그 사람은 '영혼의 빈민'이기 때문입니다. 청소년들이 고통받는 세계의 목소리에 귀 기울이면서 스스로 사유할 수 있는 힘을 기르도록 돕고, 또래와 자유롭게 소통하며 함께 배울 수 있는 장을 만든다면 청소년들이 겪는 영혼의 빈곤을 극복할 수 있으리라 생각했습니다.

'정세청세'는 2007년 5월, 그렇게 시작되었습니다. 청소년이 매회 직접 기획하고 진행하는 행사로, 세상을 보는 눈을 키우는 EBS '지식채널ⓒ' 영상을 시청하고 자유롭게 토론합니다. 지나친 경쟁과 주입식 교육으로 지쳐가는 대한민국 교육의 현실에서도, 이 땅의 청소년들이 아름답고 정의로운 세상을 향한 희망과 용기를 가슴에 품고 당당한 민주시민으로 성장하기를 꿈꿉니다. 이곳에서 청소년은 상대를 이기기 위한 토론이 아닌, 다양한 의견을 서로 존중하고 공감하며, 공생의 가치를 실현합니다. 정세청세에서는 인문적 성찰을 통한 민주시민 교육의 가치를 담은 주제를 선정합니다. 주제는 자신의 삶과 세상의 중요한 문제를 성찰할 수 있는 질문으로 기획합니다.

정세청세는 3년째 되던 2009년부터 전국 6개 도시에서 동시에 열리는 행사로 성장했습니다. 자신이 살고 있는 지역에서 청소년들이 자발적으로 모여 정세청세를 시작한 것입니다. 또 정세청세를 기획했던 청소년들이 청년이 되어 멘토로 도움을 주는 선순환도 일어났습니다. 2017년까지 전국 34개 지역에서 열린 정세청세는 전국 각지의 기획팀원이 온·오프라인에서 만나 더 나은 세상을 향한 소통의 경험을 기획하는 전국적인 청소년 커뮤니티로 성장해가고 있으며, 참여하길 원하는 청소년이면 누구나 함께할 수 있습니다.

두 개의 현실

2009년 1월 20일, 미국 워싱턴에서 오바마 대통령의 첫 취임식이 열렸습니다. 그때 인디고 유스 북페어 팀은 미국에 가 있었고, 워싱턴 거리 곳곳에서 새로운 대통령의 취임을 축하하는 시민들의 환호를 직접 확인할 수 있었습니다. 어떤 감정이 마치 새롭게 맞이한 계절처럼 온 거리를, 온 사람들의 몸을 뒤덮고 있었습니다. 그곳에서 본 것은 희망이었습니다. 한 나라의 지도자가 바뀌는 일이 이렇게 많은 사람에게 앞으로 다가올 날들에 대한 새로운 기대를 품게 할 수도 있다니…. "Yes, we can" 오바마 캠프를 대표하는 이 구호는 그날 노래로, 환한 표정으로, 함성으로, 환호로, 이 모든 것을 표현하는 시민들의 들뜬 몸 그 자체로, 거리에 울려 퍼지고 있었습니다. 여기서부터 시작된 변화가 세계 질서의 한 흐름이 되어 내가 살고 있는 나라의 현실에도 영향을 미칠 수 있겠구나 하는 기대로 절로 들뜨게 되는 순간이었습니다. 그러나 그때는 알지 못했습니다. 2009년 1월 20일은 오바마 대통령이 취임한 날이기도 했지만, 한국 서울의 한 재개발구역 옥상에서 재개발에 반발하던 철거민들이 망루 농성을 벌이다가 갑자기 난 불에 산화한, 이른바 '용산참사'로 불리는 사건이 발생한 날이기도 했다는 것을 말입니다.

지구 한편에선 "Yes, we can"을 구호로 삼은 지도자가 취임하고, 또 다른 한편에선 권력과 결탁한 자본에 의해 사람이 불에 타 죽어가는 현실. 그 후자의 현실 속에서도 청소년과 청년들의 경쟁은 이어졌습니다. 입시전쟁의 긴 터널을 뚫고 언젠가는 이런 현실을 바꾸는 공부를 할 수 있을까 가졌던 기대감은 학교에서 느꼈던 입시경쟁교육의 모순, 그리고 그 바탕이 되는 효율과 성장, 자본의 축적만을 최고의 가치로 삼는 세계 속에서 이전에 불평했던 이런 세계의 일원이 되는 것으로밖에 이어지지 않았습니다. 세계의 일원으로 이제 내가 속한 사회가 부조리하다면 그 책임은 나에게도 있는 것이라는 믿음으로 공부를 이어왔지만 공부 속도는 현실을 따라잡지 못했습니다. 용산참사를 지나 4대강 사업, 제주해군기지 건설, 밀양송전탑 갈등, 그리고 이 모든 사건의 근본을 이루는 핵심적인 관념, 즉 생명보다 금전적 이익이, 타인의 고통보다 나의 안위가 더 중요하다는 관념을 가장 아프게 드러낸 세월호 참사까지. 굵직한 사건들이 걷잡을 수 없이 일어났고 8년이 지나도 세상은 달라지지 않았습니다. 오히려 악화되었습니다. 여전히 수능이 끝나면 몇몇 청소년들은 스스로 목숨을 끊었고 공동의 선보다는 개인의 이익을 추구하지 않으면 살아남을 수 없다는 관념이 사람들의 마음에 더 확고히 자리 잡아 가는 듯했습니다.

촛불의 시간과 시민권력

2016년 10월 시작된 최순실-박근혜 게이트는 방점을 찍는 거대한 사건이었습니다. 권력자들의 비리와 정경유착은 많은 사람들이 짐작하는 바였지만, 그것의 민낯이 명백하게 드러난 순간, 그 적나라한 부패의 실상보다 더 놀라운 것은 그것에 분노한 시민의 행동력이었습니다. 매주 수십만 명의 시민이 거리로 나와 촛불을 들었습니다. "대한민국은 민주공화국이다. 대한민국의 주권은 국민에게 있고, 모든 권력은 국민으로부터 나온다"라는 대한민국 헌법정신을 대표하는 구절이 거리 곳곳에서 울렸고 시내 한복판을 흐르는 도도한 시민의 물결 속에 우리는 시민으로 서 있었습니다. 평소에는 차로 빽빽한 8차선 도로의 한가운데서, 헌법 제1조를 복창하며, 부정한 권력자를 규탄하는 구호를 당당히 외치며, 어디서도 느껴보지 못한 신선한 자유를 느낄 수 있었습니다. 국가의 주권자로 규정된 시민이 된다는 것이 무엇인지 비로소 느낄 수 있었던 것입니다.

그러던 중 미국에서는 트럼프의 당선 소식이 들려왔습니다. 이것은 역사의 아이러니일까요. 8년의 시차를 두고 두 나라에서 엇갈려 일어난 민주주의의 승리와 패배. 그런 생각을 할 때쯤 퇴임을 앞둔 오바마 대통령의 고별연설이 눈길을 끌었습니다.

지금 이곳에서 저는 보통 사람들이 참여해서 변화를 요구할 때만 변화가 일어난다고 배웠습니다. 여러분의 대통령으로서 8년을 보낸 뒤에도 아직도 그것을 믿습니다. 이건 저만의 믿음은 아닙니다. 그것은 가슴을 두근거리게 하는 우리 미국인들의 이상 즉, 스스로를 통치하는 대담한 실험입니다.

(…)

우리의 민주주의를 불안해하면서 지키려 애쓰는 수호자가 되는 것은 우리 각자에게 달려 있습니다. 우리의 이 위대한 나라를 끊임없이 애써서 개선하도록 우리에게 부여된 이 즐거운 임무를 껴안으십시오. 주어진 모든 외견상의 차이에도 우리는 모두 사실상 민주주의에서 가장 중요한 직분인 시민이라는 똑같은 자랑스러운 역할을 공유하고 있기 때문입니다.

시민. 여러분이 아시다시피 우리 민주주의가 요구하는 것입니다. 민주주의는 여러분을 필요로 합니다. 선거가 있을 때뿐만 아니라, 여러분 자신의 작은 이해가 걸려있을 때만이 아니라 일생의 전 기간에 걸쳐 그렇습니다.

(…)

네, 우리는 할 수 있습니다. 네, 우리가 했습니다. 네, 우리는 할 수 있습니다. (Yes, we can.)

역사에 아이러니는 없었습니다. 민주주의의 승리도 패배도 없었고, 민주주의는 시민을 요구하고 그 시민은 다른 누구도 아닌 바로 나와 너, 모든 개개인이라는 것만이 분명했습니다. 세계를 끊임없이 애써서 개선하는 일, 즉 역사의 진보라는 이 즐거운 임무를 껴안는 결단은 나에게 달려있으며 우리 민주주의가 요구하는 것은 경제민주화도 부패척결도 정권교체도 아닌, 이 모든 것이자 이 모든 것을 이룰 수 있는 단 하나의 주체인 시민 그 이상도 그 이하도 아니라는 것. 오바마의 "Yes, we can"은 자신의 대통령 당선을 위한 구호를 넘어, 한 사람의 시민으로서 세계 공동체의 개선에 함께하기를 바라는 그의 간절한 요청이었습니다.

선한 의지가 계승된다는 확신

이젠 우리 모두가 외쳐야 합니다. 스스로에게, 그리고 동료시민들에게 우리는 할 수 있다고, 우리만이 할 수 있다고 말입니다. 우리가 간절히 바라던 지도자, 우리가 염원하던 그 변화는 바로 우리 자신이며 이것은 끝이 아니라 시작이라는 것을요. 아니, 시작도 아니라 오랜 역사 속에서 전해져 오는, '시민'이라는 말이 전해지지도 않았던 오랜 시절부터 존재해왔던, 모든 사람이 평등하고 자유롭게, 존엄하게 살아갈 권리가 있으며 그것을 우리가 사는 이 땅에서 실현하겠다는 선한 의지의 계승이라는 것을요. 오바마는 연설의 마지막에 다음과 같이 말합니다.

우리가 모두 평등하게 창조되었고, 창조주에 의해 삶과 자유, 행복 추구 사이에서 어떤 양도할 수 없는 권리를 부여받았다는 확신이 있습니다. 이러한 권리는 자명하지만 한 번도 저절로 실현된 적은 없습니다. 우리 국민들은 민주주의의 도구를 이용해 더 완벽한 공동체를 만들 수 있습니다.

(…)

저는 여러분이 믿기를 간청합니다. 변화를 가져오는 것은 저의 능력이 아니라 여러분의 것입니다.

우리의 제헌 헌법에 쓰인 그 신념을 지키라는 부탁을 드립니다. 노예들과 노예제 폐지론자들이 속삭였던 그 생각, 이민자들과 정착민들, 정의를 위해 행진했던 사람들이 노래 불렀던 그 정신, 외국의 전장에서 달의 표면에까지 깃발을 심은 이들이 재확인했던 그 신조, 그들의 이야기가 아직 쓰이지 않은 모든 미국인의 가슴 깊은 곳에 있는 신념입니다. 네, 우리는 할 수 있습니다. (Yes, we can.)

우리의 헌법에도 그러한 신념이 새겨져 있습니다. 건조한 문장으로만 읽혔던 헌법 조문들을 새롭게 읽으면서 그 구절에 담긴 우리 선조들의 신념에 찬 외침을 들을 수 있습니다. "모든 국민은 인간으로서의 존엄과 가치를 가지며, 행복을 추구할 권리를 가진다. 국가는 개인이 가지는 불가침의 기본적 인권을 확인하고 이를 보장할 의무를 진다"라는 구절이 국가 최고법에 명문화되기까지 수백 년간 노비로, 신민으로 살며 투쟁했던 보통 사람들의 신념이 우리 가슴 속에도 있습니다. 그 신념을 계승하는 방법은 그들의 투쟁으로 쟁취한 민주주의라는 도구를, 아직 완전히 실현된 적이 없는 그 가치를 이 땅에서 실천하는 것입니다.

2

ᐤᐤᐤᐤᐤᐤᐤᐤᐤ

살아있는 민주주의를 실천하는
청소년 인문 토론의 장, '정세청세'

정세청세와 희망의 인문학

정세청세를 기획하는 계기가 되었던 『희망의 인문학』에서 저자는 "가
난한 이들도 인간이며, 그들의 인간성을 가장 적절하게 존중하는 방식
은 공적인 삶의 영역에서 시민으로 대우하는 것이다"라고 말합니다.
가난한 이들이 겪는 가장 큰 곤경은 바로 자신은 아무것도 할 수 없다
는 '무력함'입니다. 이 무력함을 깨고 운명의 주인이 되는 것이야말로
빈곤의 악순환을 끊어낼 수 있는 길이라는 것이 이 책의 주장이지요.
　청소년들이 호소하는 괴로움도 바로 이런 문제입니다. 아무것도 할
수 없다는 무력함과 갑갑함. 정세청세의 참여자들은 청소년 문화의 장
에 참여하면서 그런 것을 해소해나갈 수 있었다고 말합니다. 다른 친

구들과 함께 이야기를 나누면서 자신이 어떤 상황에 있고 왜 이렇게 힘든지를 이해해나갔던 것입니다.

오늘날 청소년과 청년 문화를 돌아보면 오직 감정적인 해소와 소비만을 위해 존재하는 것 같습니다. 돈이 없으면 놀 줄 모르는 청소년의 모습이 기성세대의 문화를 비주체적으로 답습하며 소비하고만 있는 듯했고, 이는 정말 위험한 것입니다. 문화를 만들고 누리는 주체성, 공동체성이 살아 숨 쉬는 것은 진정 우리 시대 속에서는 불가능한 것일까요?

물론 그렇다고 정세청세가 모든 문제의 답이 될 수 있다고는 생각하지 않습니다. 다만 정세청세가 새로운 청소년 문화를 만들어가고 있는 것은 분명합니다. 일반적으로 문화는 삶의 방식을 뜻하기도 합니다. 세상엔 다양한 사람들이 살아가고, 그 사람들이 공동체를 만들고 그 속에서 문화를 만들어갑니다. 공동체를 전제로 하지 않은 문화는 없습니다. 노래도, 춤도, 그림도, 말도, 글도, 그 어떤 것도 온전히 '혼자'서는 누릴 수 없습니다. 그러므로 문화에는 주체성과 공동체성이 모두 필요합니다. 정세청세는 그것이 함께 꽃 피는 문화의 장이 되어가는 것입니다.

청소년들은 정세청세를 만나면서 단지 미숙하기만 한 존재도, 성인이 되기 위해서 기다리고 있는 존재도 아니며 존엄한 인간이자 당당한 사회의 구성원으로서 존중받아야 한다는 생각을 하게 됩니다. 또한, 같은 고민을 하는 친구들, 그리고 이 고민을 먼저 했던 선배들, 이제 막 고민을 시작하고 있는 후배들을 만납니다. 이들이 과연 좋은 답을 찾을 수 있을지는 아직 모릅니다. 그렇지만, 함께 토론하고 공부하면서 설렘을 느끼고, 이런 기쁨을 더 많은 청소년들과 나누며 함께 즐거운 문화의 장을 만들어갈 수 있길 꿈꾸는 이들이 어떤 미래를 만들어갈지, 무척 궁금해집니다.

더 넓고 깊이 공부하기

인디고 서원의 청소년들이 정세청세를 기획하며 가장 중요하게 생각한 것은 바로 공적인 삶의 필요성과 그것의 보편성입니다. 인간은 불완전하고 그렇기에 사회적 존재일 수밖에 없지요. 즉, 개인의 힘으로 해결할 수 없는 영역이 필수불가결하게 존재한다는 것입니다. 그런데 현재 우리 사회에서는 공적인 차원에서 해결되어야 할 문제까지도 개인 능력의 문제로 간주하는 경우가 많습니다. 예를 들어 사교육 시장이 비정상적으로 거대해서 빚을 내면서까지 사교육을 받는 현실인데, 그로 인해 생겨난 부채는 능력 없는 부모 탓이고, 공부를 못하는 학생 본인의 능력 부족으로 여겨지는 경우가 대표적입니다. 이는 분명 개별적으로 생겨난 고통이 아니며, 개인의 능력으로 해결할 수 있는 부분도 아닙니다. 하지만 현재 우리 사회는 이를 공적 영역에서 의논하고, 해결방법을 찾아낼 준비가 되지 않은 것 같습니다. 학교 내에서 청소년 또한 마찬가지입니다. 경쟁과 주입식 교육의 고통은 오롯이 받고 있지만, 이를 해결해줄 공적 영역은 찾기 어렵습니다. 심지어 스스로 고통에서 벗어나려는 이런저런 시도마저 쉽게 저지당합니다. 청소년들은 야자시간에 단행본 책을 읽다가 강제압수당한 경험을 자주 이야기하곤 합니다.

인문학은 실제 삶을 '인간답게' 살아가는 데 필요한 '인간됨'을 배울 수 있는 학문입니다. 내 삶의 주인이 될 수 있기 위해서, 올바르고 바람직한 선택을 하기 위해서, 더 좋은 사회를 만들고 그 사회 속에서 더 행복하게 살아가기 위해서 배워야 하는 것이 바로 '인문학'이죠. 또 인문학을 배운다는 것은 우리에게 공적인 삶이 필요하며, 이를 향유하기 위해서 자유와 책임의 능력을 키워야 함을 자각하게 합니다. 공적인 영역에 속할 수 있도록 하는 힘, 그를 지속할 수 있도록 하는 것이 인문학이라고 한다면, 그것을 학습하는 과정은 곧 민주시민이 되는 것, 민주주의의 실현일 것입니다.

클레멘트 코스에서 발견한 인문학의 가능성은 단순한 기적 같은 것이 아니라, 인간의 정치적인 삶에 대한 중요성과 보편적 필요성의 확인이었습니다. 인간이 인간답게 살 수 있기 위해서는 공적인 삶을 회복해야만 합니다. 즉, 민주주의의 실현이 이루어져야 합니다. 여기서 정세청세를 기획한 청소년들의 물음은 시작되었습니다. 경제적으로 빈곤하든 그렇지 않든, 과연 오늘날 우리 사회의 청소년들은 공적인 삶을 향유하고 있을까요? 자발적이고 주체적인 생각의 자유를 누리고, 그를 공적으로 발언할 기회를 가지고 있으며, 그를 실천할 수 있는 능력을 학습하고 있나요? 청소년은 이미 스스로 생각할 수 있는 능력이 있습니다. 오히려 어떤 권력과 이익에 얽매이지 않은 정직한 생각을 할 수 있는 유일한 세대라고 할 수 있지요. 이러한 청소년이 인문학을 통해 서로의 생각을 공유하고, 이를 사회에 이야기하는 것은 이 사회를 위해서도 반드시 필요합니다.

그래서 정세청세에서 다루는 주제는 대체적으로 굉장히 근본적이면서도 실천 가능한 인문적 가치에 대한 것들입니다. 사랑, 자유, 정의, 평등, 희망 등 인간의 삶에서 보편적으로 갖추어야 할 가치들의 의미에 대해 물음을 던지거나, 꿈이나 가치관, 정체성 등에 대한 질문도 끊임없이 함께 던지고 있습니다. 때에 따라 화제가 되고 있는 이슈를 주제로 하기도 하지만, 큰 틀은 이를 벗어나지 않습니다. 그 이유는 지식을 축적하거나 토론을 통한 의제를 선택하고 그에 대한 해답을 내리기 이전에, 인간이 인간답게 살기 위해 멈추지 않아야 할 기본적이고 근본적인 물음들을 던지고자 하는 최초의 기획취지 때문입니다.

그렇기에 정세청세의 토론 방식 역시 이러한 이유에서 특정한 양식을 가집니다. 일반적으로 생각하는 찬반을 나누어 경합하는 토론과 달리 다양한 의견이 오갈 수 있는 자유 토론이지요. 토론은 10여 명으로 이루어진 조별로 진행되는데, 정세청세를 기획한 청소년 기획팀이 각 조에 배정되어 토론을 이끌고 중재합니다. 토론 시 정해진 규칙은 두 가지로, 말하는 상대의 눈을 바라볼 것, 그리고 상대의 말에 경청하는 것입니다. 정세청세가 자신의 의견을 관철하기 위한 토론이 아니라 다른 의견을 듣고, 의견들을 수렴하여 함께 더 좋은 의견으로 개진하는 데에 목적이 있기 때문에 이러한 진행 규칙은 반드시 지켜지고 있습니다.

무엇보다 정세청세의 정체성을 가장 크게 대변하는 특징은 바로 청소년의 주체적 기획과 진행, 그리고 자발적 참여로 이루어진다는 것입니다. 이는 정세청세를 처음 기획하고 진행한 최초의 기획팀으로부터 현재까지 계속되어 온 가장 중요한 원칙이자 전통입니다. 청소년 기획팀은 기획 회의를 통해 각 회별 주제를 정하고 그에 관련한 영상을 선정하고 토론을 이끌어가기 위해 토론 내용을 준비하는 내용적인 것에서부터, 장소를 구하고 홍보를 하며 명찰과 출석부, 사회 대본, 필기도구를 준비하는 등 실무적인 부분까지 행사 전체를 총괄합니다. 행사를 열기 위한 일련의 준비 과정은 행사 주기별로 정해진 기획 회의 날짜를 통해 이루어지는데, 이처럼 행사의 기획, 진행, 마무리까지 모든 과정을 청소년들이 전담하는 이유는 정세청세의 탄생 이유와 같습니다. 어른들이 만들어놓은 장에서 좋은 이야기를 나누는 대상으로서 청소년이 아니라, 공적 삶에서 필요한 담론을 형성하고, 여러 사람의 의견을 통해 개진하며, 토론 이후에 실천적 변화를 이끌어내고 이에 책임을 지는 모든 과정을 청소년이 해내야 한다는 것입니다.

또한 20세 이상의 성인은 결코 토론에 참여할 수 없으며, 사전에 미리 주최 측에 연락하여 허가받지 않으면 참관도 불가능합니다. 이는 "청소년들의 의견, 청소년들의 사유는 '성숙하지 못한', '결점이 많은' 것으로 간주하여 중요하게 고려"되지 않고 있는 현실에서, "스스로 생각할 수 있는 능력을 이미 갖고 있는 청소년들이 오히려 어떤 권력과 이익에 얽매이지 않은 정직한 사유를 할 수 있도록" 하기 위한 장치입니다.

공론의 장에서 함께 소통하기

이렇게 철저한 공부와 기획 아래에 가장 중요하고 핵심적인 것은 정세청세에서 실제로 다른 청소년들과 함께 소통하는 것입니다. 진정 정의로운 세상을 꿈꾸기 위해선 끊임없이 다른 이들과 소통하고, 교류하는 과정이 필수적이지요. 소통은 앞서 2부에서 '살아있는 민주주의 기술 익히기'를 통해 그 중요성과 과정에 대해 자세히 설명한 바 있는데요. 정세청세에서 어떻게 그러한 공론의 장을 만들어가는지 실제적인 예시를 들어보겠습니다. 다음으로 살펴볼 내용은 지난 2014 인디고 유스 북페어에서 '새로운 세대의 탄생'이라는 이름으로 진행되었던 정세청세의 기록입니다. 기획부터 소통, 후기에 이르기까지 각각의 '살아있는 민주주의 기술'들이 어떻게 실현되고 있는지 함께 살펴봅시다.

① 기획하기

1만 명의 사상자를 낳은 이스라엘-팔레스타인 분쟁, 한 도시를 폐허로 만들어버린 후쿠시마 핵발전소 사고, 그리고 세월호 참사까지. 별처럼 수없이 많은 생명이 아래로 아래로 가라앉아버렸습니다. 일어나선 안 될 일이 우리의 눈앞에서 일어났음에도 "이 정도 슬프고 아팠으면 됐어"라는 생각에 각자 일상으로 돌아가 영어 단어를 외우고 입시공부를 하고 취직 걱정을 합니다. 그렇게 우리는 또 세상이 원하는 모습을 갖추기 위해 버거운 짐을 지고 살아갑니다. 세월호에 울려 퍼졌던 "가만히 있으라"는 방송이 세상에도 울려 퍼진 듯 우리 모두 가만히, 그저 가만히 있습니다.

우리는 알고 있습니다. 불의에 분노하여 가만히 순종하기 거부하고 거리로 뛰쳐나온 사람들을 알고 있습니다. 4·19 혁명, 6월 민주항쟁을 이끈 이들은 대단한 영웅이 아니라 불의에 분노한 평범한 사람들이었습니다. 그들도 스스로 너무 작은 존재라고 생각하여 잔뜩 움츠려 있었을 것입니다. 하지만 더는 두고 볼 수 없어서 작은 힘들을 모아 조금 더 나은 사회를 만들었습니다. 우리는 그들이 바라던 사회를 살아가고 있음을 기억해야 합니다. 각자의 짐이 너무나 버거워서 잘 보이지 않지만 그 사실을 기억한다면 사회는 조금씩 변해갈 것입니다.

사회가 당연하게 우리를 보호해주고 지켜줄 것이라고 믿어왔습니다. 하지만 모두가 세월호의 탑승객일 수 있었던 상황에서 어른들이 말하는 규칙들은 너무나도 무기력한 모습이었습니다. 온 사회가 산산조각 난 유리와 같았습니다. 그래서 이번 정세청세에서 우리는 새로운 정의와 새로운 윤리를 다시 이야기합니다. 주제는 '새로운 세대의 탄생'입니다. 새로운 세대인 우리가 삶의 각 영역에서 정의로운 세상을 만들어가기 위해 반드시 지켜야 할 법칙과 가치관을 신중하게 고민하고 토론하여 함께 정해봅시다. 총 12개 주제(노동, 문화, 교육, 인권, 정치, 여성, 언론, 법, 의료, 환경, 역사, 경제)에 맞추어 토론을 진행하고, 우리가 함께 지켜가야 할 헌법을 제정해보았습니다.

② 귀 기울여 듣기, 창조적으로 논쟁하기, 중재와 협상하기

· 박경민(18세) ·

저희 조는 '여성'이란 주제를 가지고 얘기를 해보았는데요, 처음부터 스스럼없이 잘 얘기하고 남이 말할 때에도 경청하던 조원 친구들에게 놀랐습니다. 꽤 어린 친구들도 있었지만 그 친구들이 말을 더 잘하는 것 같아 더 놀라웠습니다. 여성의 인권과 현 사회의 문제점들을 토론하며 그 해결책에 대한 참신한 아이디어도 많이 들을 수 있어서 좋았고, 무엇보다 학교에선 흔히 볼 수 없는 열정적이고 좋은 생각을 가진 친구들을 많이 만날 수 있어서 더 좋았습니다.

· 노태경(17세) ·

저는 '역사' 조였는데요. 아무래도 역사가 조금 민감한 주제인 만큼 많고 다양한 의견들이 나왔습니다. 얘기한 것 대부분 빼놓을 수 없는 중요한 부분들이 많았습니다. 거기에서도 저희 조는 '역사에 응답해야 한다'는 부분에 가장 집중했습니다. 역사에 응답한다는 것은 거창한 것이 아니라 잘못된 역사를 반복하지 않고 더욱더 발전된 모습의 미래를 만들어 나가는 것입니다. 이번 정세청세 때 여러 얘기를 제 또래 청소년들과 함으로써 저와는 또 다른, 역사에 대한 새로운 시각을 알게 되었고 우리 새로운 세대가 써내려 갈 역사는 올바른 내용이 더 가득 담길 것이라는 희망을 느낄 수 있었습니다.

· 박진영(17세) ·

주제가 '헌법 만들기'이다 보니 왠지 모를 책임감에 더욱 진지한 태도로 임했던 것 같습니다. 저는 '정치'를 이야기했는데 서로 정치에 대해서 평소의 생각이나 의견을 나누다 누군가 "정치란 멀리 있는 것이 아니라 바로 옆에서 일어나는 갈등을 조정하는 것도 하나의 정치"라고 말했습니다. 그렇게 생각하니 우리 일상과 멀게 느껴지던 정치가 가깝게 느껴졌습니다. 이게 바로 정세청세의 매력 같습니다. 정세청세는 비슷한 또래의 청소년과 서로의 가치나 생각을 나눔에서 끝이 아닌 스스로 깨닫게 해주는 힘이 있습니다. 이 힘이 정세청세가 전국 각지의 청소년을 불러 모으는 것이 아닐까 합니다.

· 이경원(17세) ·

저는 '경제' 조였습니다. 세월호 참사는 돈이 무엇보다 우선시되는 사회가 빚어낸 재앙이며 이 같은 일이 다시는 일어나지 않기 위해선 끊임없는 성찰과 고민이 이루어져야 한다고 생각했습니다. 토론은 8명의 친구들이 한 조가 되어 둥글게 마주 보고 앉은 채로 시작되었습니다. 처음의 어색한 기류는 온데간데 사라지고 서로 많은 대화가 오갔습니다. 의견은 제각기 달랐지만 모두가 한마음이란 게 느껴졌습니다.

긴 토론과 몇 차례의 수정 끝에 마침내 우리의 뜻이 모두 녹아든 기본정신이 탄생했습니다. "새로운 세대는 자본에 의해 행복을 침해받지 않을 권리가 있다. 또한 경제적으로 주체적이고 독립적인 존재가 되어, 인간의 본질적이고 존엄한 가치를 수호한다." 이렇게 표현하고 나니 친구들과 이때까지 이야기하고 글로 썼던 가치와 생각들이 헌법으로 단단히 굳어져 힘을 얻게 된 것 같았습니다.

각 분야별로 두 명씩, 사람들 앞에서 헌법을 발표하는 시간을 가졌습니다. 조항 하나하나에서 친구들의 간절한 마음과 바람이 느껴져 가슴이 벅찼습니다. 이제까지 낯설고 어렵게 다가왔던 헌법이 다름 아닌 인간의 존엄과 권리를 지키는 우리들의 약속이란 것을 깨달았습니다. 그리고 그 약속들을 실천을 통해 지켜나가는 중요한 숙제를 안게 되었습니다. 이번 정세청세를 통해 청소년들이 주체가 되어 윤리적인 고민들을 함께 나누고 그것들을 헌법으로 정해보면서 새로운 세대로 나아가는 큰 발판을 밟은 것 같습니다.

③ 정치적 상상력 발휘하기, 공적 대화에 참여하기, 함께 결정하기

그럼 이제 함께 결정내린 결과물들을 볼까요? 이 법들은 새로운 세대만의 법이 아닌 세상을 살아가는 모든 이들을 향한 절실한 요구이기도 합니다. 좋은 성적을 받아 좋은 대학을 가야 한다, 좋은 직장에 들어가 남부럽지 않게 살아야 한다는 명령에 늘 시달리던 청소년들은 이 공론의 장에서 '좋은 사람'에 그치지 않고 '좋은 시민'이 되길 서로에게 요청합니다. 즉, 사적인 이익에 국한되지 않고 공적으로 이로운, 모두에게 이로운 세상을 만들어가기 위한 준비를 해나가고 있었습니다.

당장 이 조항들이 유효할 수 있도록 제도를 개혁하고 공교육을 실현할 수 없겠지만, 정세청세에 모인 청소년들은 이 조항들이 반드시 지켜질 수 있도록 서로 독려하자고 약속했습니다. 토론은 3시간이라는 짧은 시간 동안 이루어졌지만, 이 공동체의 연대의식은 영원히 함께할 것이라고 믿어 의심치 않습니다.

[언론] 새로운 세대의 언론은 공감 정신을 바탕으로 소통을 위해 존재한다.

제1항 언론은 권력과 자본에서 독립된 주체로 모두의 목소리를 반영할 수 있다.

제2항 새로운 세대는 언론의 이면을 볼 수 있는 비판의 주체가 되어 자신의 의견을 말할 수 있으며 탄압받지 않는다.

제3항 언론은 각각의 절차를 통해 보도된 사실에 책임져야 한다.

[노동] 새로운 세대는 삶의 필수요소인 노동의 주체가 되어 그 자체로서의 가치를 인정받는다.

제1항 청소년은 노동을 선택할 권리가 있다. 국가는 청소년들에게 올바른 직업선택에 관한 교육을 할 의무를 지닌다.

제2항 청소년은 고정관념에서 벗어나 다양한 가치를 인정받고 억압받지 않을 권리가 있다. 각자 맡은 바 최선을 다하되 기계가 아닌 사람으로서의 권리를 인정받는다.

제3항 청소년은 임금과 상관없이 자기 노동의 가치를 인정받을 수 있다. 노동의 결과뿐 아니라 과정까지 인정받는다.

[법] **새로운 세대는 민주적인 소통으로 실현되는 참여를 법적으로 보호받는다.**

제1항 장애인, 미성년자, 성소수자 등 모든 사회적 약자는 사회 참여 과정에서 동등하게 존중받는다.

제2항 제1항의 대상은 사회 참여 과정에서 신체적·정신적으로 안전할 권리를 보호받는다.

제3항 청소년의 사회 참여를 보장하는 청소년 의회를 확대 설립하되, 의원은 자신의 발언과 제출한 법안에 대해 최대한 책임질 의무를 진다.

[문화] **새로운 세대는 배려를 바탕으로 공동선을 지향하고 서로의 문화를 이해하기 위해 표현을 두려워하지 않는다.**

제1항 개인의 창작활동을 통해 사회 부조리를 지적하고 그에 대해 변화를 요구할 수 있다.

제2항 국가는 시위에 대한 부당한 제약을 철폐한다.

제3항 한 사회의 구성원이 특정한 주제를 공론화할 수 있는 사회

적 장치와 분위기를 조성한다.

[의료] 새로운 세대의 의료는 개인의 이익이 아닌 공공의 이익이 우선시되어야 한다.

제1항 환자는 경제적 상황과 신체 상태에 제한받지 않고, 자신의 건강을 우선으로 치료받을 권리가 있다.

제2항 공인된 의료 자격을 가지지 않은 사람은 의료 행위를 할 수 없으며 모든 의사는 그에 따른 책임을 진다.

제3항 모든 사람들은 한 달에 한 번 의료 서비스를 제공받을 권리가 있으며, 병원은 한 달에 한 번 환자에게 무료 의료 봉사를 제공해야 한다.

[교육] 새로운 세대는 교육받는 사람과 하는 사람 간 의견을 존중하고 타협함으로써 유리벽을 없애기 위해 노력할 의무가 있다.

제1항 모든 학생들은 기본적 소양을 위한 학습이 필요하며 자신의 적성을 찾는 자발적이고 창의적인 모험과 학습을 누릴 권리가 있다.

제2항 학부모는 자녀의 생각을 들어줄 의무가 있으며 자식의 교육을 위한 심리 교육을 받을 의무가 있다.

제3항 교사 채용 시 임용고시뿐 아니라 인성, 열정을 고려하여야 하며 이를 교사 채용 후 2년마다 교육부에 의해 검증받을 의무가 있다.

[환경] 새로운 세대는 인간으로서 환경에 대한 가치를 다시 묻고 미래 세대에

대한 책임을 가져 공동선을 향해 나아간다.

제1항 모든 국민들은 자신이 만든 쓰레기에 대한 책임을 질 의무가 있다. 일정 기간 동안 자신이 발생시킨 쓰레기의 무게에 비례하여 환경정화활동에 참여한다.

제2항 모든 국민은 환경 관련 법 제정에 참여할 권한이 있다.

제3항 환경 개발에 있어서 법 제정과 허가 기준을 최소 10년 이상의 경과를 고려하여 정할 의무가 있다.

[인권] 새로운 세대는 당연한 것을 민감하게 느낀다.

제1항 누구든지 자유롭게 공부하고 진로를 선택할 권리를 갖는다.

제2항 모든 권리는 평등하고, 각 권리들은 조화를 이루어야 한다.

제3항 모든 권리는 진실함과 정직함에서 시작한다.

[정치] 새로운 세대는 소통의 의무를 기반으로 주인의식을 가지고 모든 정치활동에 참여하며 봉사정신을 지녀야 한다.

제1항 모든 이들은 자신을 스스로 성찰하며 새로운 세계를 꿈꿀 권리를 가진다.

제2항 모든 이들은 재산이나 지위에 상관없이 최소 다섯 명의 지역시민을 만나야 한다.

제3항 새로운 세계는 교육받을 권리를 가지며 교육받은 것에 대해 책임의식을 가지고 행동해야 한다.

[역사] 새로운 세대는 진실한 역사를 알아야 하고, 현시대가 던지는 물음에

최선의 응답을 할 수 있어야 한다.

　제1항 다수가 "예"라고 하는 명제에 소수가 "아니요"라고 했을 때 비판하지 않는다.

　제2항 잘못된 역사를 번복하지 않기 위해 역사교육을 의무화한다.

　제3항 소수자와 패배자의 관점에서 역사를 바라보도록 노력한다.

[여성] 새로운 세대는 여성 역시 존엄한 개인임을 인정하며, 여성 스스로 아름다운 주체가 되기 위해 노력한다.

　제1항 여성과 남성은 신체적으로 차이를 가지고 있지만 그것이 차별의 이유는 될 수 없다. 서로 다른 차이를 존중하고 배려해준다.

　제2항 여성은 불이익을 당하지 않고 아이를 낳을 권리가 있다. 아이를 책임질 의무는 부모에게 있으나, 만약 둘 중 한 사람이 책임질 경우 국가의 제도적 지원이 따라야 한다.

　제3항 여성은 자신의 권리를 위해 적극적으로 투쟁할 자유가 있다.

[경제] 새로운 세대는 자본에 의해 행복을 침해받지 않을 권리가 있다. 또한 경제적으로 주체적이고 독립적인 존재가 되어, 인간의 본질적이고 존엄한 가치를 수호한다.

　제1항 모든 사람들은 사회적·환경적 조건과 무관하게 공평한 기회를 갖는다.

　제2항 정당한 일을 할 수 있는 평등한 권리를 가진다.

　제3항 국민은 경제적 논리로부터 자유로운 가치판단을 내릴 권리를 갖는다.

물론 어쩌면 그 짧은 만남이, 어색하고 아무렇지 않은 것으로 느껴질지도 모르겠습니다. 한 번 보고 그만일 사이라고 서로를 잊어버릴지도 모르지요. 하지만 서로 소통하며 그 기쁨을 이야기하는 청소년들에게서 우리는 '토론'이라는 장치가 만들어내는 무수한 기적을 만납니다. 정세청세에서 열정적으로 참여하는 청소년을 보면, 각기 다른 사람들이 모여 서로의 생각을 얘기하고, 함께 사유하며 함께 꿈꾸는 시간이 그렇게 아름다울 수가 없습니다. 서로 눈을 맞추고 진지한 태도로 토론하는 과정에서 나온 이야기들은 나와 다른 생각을 담고 있더라도 공감을 이끌어낼 수 있었고, 둥글게 모여 앉은 자리에서 느껴지는 기운은 이들이 의견을 공유하는 일이 결코 무의미하지 않다는 것을 느끼게 합니다.

정세청세는 계속되어야 한다

민주주의는 사회에서 소외되고 배제된 사람들을 포함할 수 있는 사회체제이며, 공론의 장을 통해 다양한 이해관계가 갈등하고 타협하는 가치입니다. 그렇지만 협상의 테이블에 오르는 경험도, 그 테이블에서 협상을 이뤄내는 방법과 원리를 배운 적도, 그리고 그 테이블에서 밀려나보거나 밀려온 자를 다시 등장하게 하는 경험도 없는 오늘날 청소년에게 민주주의란 그저 고착된 하나의 제도에 불과하겠지요. 우리가 목격하고 있는 젊은 세대의 정치적 무관심은 예견된 사회적 병리현상이며, 교육현장에서 변화가 없다면 앞으로도 더욱 나빠질 것이 지극히 당연해 보입니다. 그러나 자신의 삶을 결정하는 문제에 무감하며, 공통된 주인으로서 타자를 이해하지 못하는 파편화된 개인들에게 주인된 권리와 자유는 결코 보장되지 않을 것입니다.

정세청세는 책 읽기와 사유하기, 소통하기 등에 익숙하지 않은 청소년들에게 보다 친근하고 쉬운 방법으로 인문학을 접할 수 있도록 노력하고 있습니다. 활자 매체를 이용하는 대신 인문적 내용을 담은 영상을 매개로 활용하는 것과 어떤 어른들의 지도나 간섭 없이 오직 청소년들에 의해서만 기획되고 진행된다는 점 등이 그러한 요소입니다. 이에 참여한 청소년들의 대부분은 이제껏 가져보지 못한 '사유의 기회'를 맛보게 되며, '자유로운 토론 분위기' 속에 자신의 생각을 솔직하게 말하고 또 다른 이의 의견을 경청하는 과정, 즉 다른 목소리와 소통하는 것을 낯설지 않게 여기게 되고, 이를 즐기게 되었다고 말합니다. 즉, 정세청세를 통해 이 땅의 청소년들은 인간의 삶에서 반드시 필요한 가치와 공동선이 무엇인지 고민하며, 국가와 세계의 주인으로서 어떻게 공동체를 이루며 살아가야 하는지 사유하고 실천하고 있는 것입니다.

또 정세청세는 단순히 청소년이 소통할 수 있는 장을 마련한 것으로 그 의미가 끝나지 않습니다. 청소년들이 민주적 시민으로서 끊임없이 배제된 자의 목소리를 향해 귀 기울일 수 있도록, 그를 능동적으로 실천하고 책임질 수 있는 자유로운 주체로 성장하기 위한 교육의 장이 되고 있습니다. 정세청세가 소외된 지역의 청소년들에게 직접 찾아가 정세청세를 개최하는 '찾아가는 정세청세'나 차상위계층 청소년과 함께하는 '인문학 캠프', 그리고 만주와 네팔 등지에 세계 자본주의에 의해 상처 받은 청소년들과 함께 연대를 맺는 '글로벌 정세청세' 등이 그러한 가치를 실현해내는 하나의 결실이 되리라 기대합니다.

그러나 여전히 대한민국의 청소년에 대한 일반적인 시각에 물든 기성세대와의 마찰, 그리고 그에 익숙해진 청소년들도 공론의 장을 지속하는 데 어려움을 겪고 있습니다. 갈수록 힘들고 복잡해지는 입시제도 속에서 청소년들이 인문적 가치와 토론에 관심을 기울이기란 쉽지 않은 일입니다. 지역별 편차가 있겠지만 전반적으로 참여자가 많이 줄어든 지역이 있는가 하면, 소수의 기획팀이 행사 진행을 위해 고군분투하는 지역도 있습니다. 그럼에도 불구하고 정세청세가 지속되어야만 하는 이유가 있다면, 갈수록 치열해져 가는 경쟁 속에서도 '축소될 수 없는 이타성'의 문화를 지킬 수 있으리라 믿기 때문일 것입니다.

따라서 '문화적인 충격'이 문제가 아니라, 보편적 문화에 대한 무관심과 대부분의 분야에서 모든 것이 간직하고 있는 더 이상 축소될 수 없는 이타성 간에 돌출되는 소위 인류학적 대립이 문제이다. 종교적인 교리만큼이나 교조주의적인 세계 권력은 모든 형태의 다양성과 개성을 용납하지 않는다. 교조주의적 논리 아래, 모든 다양성과 개성은 좋든 싫든 간에 세계의 질서를 따르든지 사라질 운명에 처한 것이다.
- 르몽드 디플로마티크, 『르몽드 인문학』 중에서

아무리 경쟁이 치열해지고 획일적인 가치관에 따라 문화가 재편된다 할지라도, 인간은 어떤 방식으로든 이타성의 가치를 지키고, 소통의 장을 지속할 것이라는 믿음을 가지고 있습니다. 그것이야말로 앞으로 정세청세가 계속되어야 하고, 계속될 수 있는 하나의 희망일 것입니다. 어려움 속에서도 정세청세를 지속해야 하는 이유는 무엇인지, 그 힘은 어디서 비롯하는 것인지 직접 정세청세를 만들어가는 청소년들에게 물었습니다. 또 이어서는, 정세청세가 소통의 장을 너머 어떻게 청소년들의 삶을 실제로 변화시킬 수 있고 일상적 실천으로 이어지는지 살펴보도록 하겠습니다.

· 김희온(17세) ·

처음에는 정세청세 기획팀 활동을 하면서 스스로에게 자부심을 느끼며 열정적으로 참여했습니다, 하지만 가면 갈수록 안성 지역의 행사 장소 문제와 부모님과의 갈등, 참여자 수의 저조 등이 걸려 처음 생각했었던 기획팀 활동에 대한 열정과 흥미를 잃어가고 있었습니다. 그래서 '올해를 끝으로 안성 지역은 없어지지 않을까? 없어진다면 다른 지역으로 다녀야 하나?'라고 막연하게 생각하고 있었습니다.

그러던 중 한 중학생 참여자로부터 문자가 왔습니다. '내년에도 정세청세를 하나요?' 확답을 줄 수 없었던 저로서는 그 참가자에게 내년에도 하고 싶은지 물었습니다. 답장은 꼭 하고 싶다는 것이었습니다. 저는 정세청세를 원하는 사람이 한 명이라도 있다면 기획팀원으로서 한 지역을 계속 유지해가야 한다고 생각했습니다. 그 아이에게 기존 기획팀원들의 개인적인 사정으로 더 이상 운영될 수 없다고 말할 수도 없었습니다. 하고 싶으면 새로운 기획팀원을 찾으라는 무책임한 말도 할 수 없었습니다.

이 일이 있은 후 잠시 잊고 있었던 인문학의 즐거움에 대해서 생각해보게 됐습니다. 기획팀원 활동을 하면서 힘들고 어려웠던 기억들도 분명히 있지만 그만큼 얻어가는 것 또한 많았다고 생각이 들었습니다. 그래서 다시 정세청세에 참여하고 싶어졌습니다. 이대로 그만두기에는 굉장히 아쉽고 후회할 것 같다는 생각이 들어 다시 한 번 기획팀 활동을 다짐했습니다.

· 최효성(16세) ·

정세청세는 철학과 인문학이 천대받는 척박한 세상에 꼭 필요한 존재입니다. 인문학은 사람이 사는 세상이라면 꼭 필요합니다. 인간을 편리하게 만들어줄 돈이 결국 인간을 돈의 노예로 만들었습니다. 하지만, 인간은 인간답게 살아갈 때 가장 행복할 수 있습니다. 그를 위해 필요한 것이 인문학이고 이것이 인간을 진정으로 행복하게 만들어줄 것입니다.

정세청세를 할 때 가장 많이 듣는 소리는 '정세청세가 스펙에 도움이 되느냐?', '너는 지금 학생이고 학생의 본분은 공부인데 다른 곳에 정신이 팔려 있다'라는 말입니다. 저는 당당히 되물어볼 수 있습니다. "학생의 본분은 사회에 바른 의식을 가진 사회인으로 성장하는 것인데, 지금의 공부가 과연 건전한 사회인으로 성장하는 데 도움이 된다면 대한민국은 왜 이런가?"라고요. 저는 '원래 세상이 이러니 어쩔 수 없다'라고 합리화하며 살아가는 사람들에게 당당한 비판을 할 줄 아는 사람들이 많아졌으면 좋겠습니다. 이것이 제가 최종적으로 원하는 교육의 목표이며 이를 위한 최적의 교육은 인문학이라고 생각합니다. 이것이 제가 정세청세를 통해 인문학을 확산시키고 싶은 이유입니다.

· 신유준(18세) ·

오늘 내년 기획팀원들을 선발하고 방금 집에 왔습니다.

이제 회의를 하려고 인디고 서원의 지하극장에 내려가서 둘러앉을 일도,

맨날 늦게 온다고 혼날 일도 없습니다. 개인보고서 늦게 올린다고 화낼 일도 없고, 영상 찾는다고 밤새지 않아도 됩니다. 책 읽을 때마다 줄 긋고 포스트잇, 메모지 붙여가며 읽지 않아도 되고 행사 전날 허겁지겁 준비한다고 밤새고 초췌한 얼굴로 행사장 갈 일도 없습니다. 행사니 회의니 반납하던 주말도 텅텅 빕니다.

감사합니다.

다들 진짜 정말 감사했습니다.

닻도 내리지 못하고, 돛도 펼치지 못한 채 되는 대로 살아가던 삶이었습니다. 공부는 안 했고 잘하는 것도 하나 없었을 뿐더러 원하는 것마저 없었습니다. 꿈이나 목표 이런 것들과는 거리가 멀던 저였습니다.

고등학교 입학 전 반년을 나태에 찌들어 생활했습니다. 매일 오후가 돼서야 일어나고 새벽까지 게임 속에서 시간을 보내는 게 일상이었습니다. 그런 생활에 익숙해져 망가질 대로 망가진 몸과 정신이었기에 고등학교 생활에 정상적으로 적응하지 못했던 건 어찌 보면 당연한 일이었습니다. 첫 모의고사에 받았던 형편없는 등급과 60점을 넘기지 못했던 내신 점수가 저를 표현하는 전부였습니다. 저는 그렇게 사회의 잣대로 무가치한 인간이었고, 점수로 평가받는 많고 많은 학생들 중 한 명일 뿐이었습니다.

그렇게 살던 제가 처음 정세청세 행사장을 찾아갔던 날을 아직 기억합니다. 대화의 내용은 중요치 않았습니다. 그저 그 공간과 그 자리에 모인 사람들이 저에겐 기적 같았고, 기적이었고, 있을 수 없는 일이었으며 벼락같이 놀라웠습니다. 그리고 제 생각과 삶을 바꾸어놓은 '그 자체로 혁명'이었습니다.

감독하는 어른 한 명 없이, 수행평가에 반영된다거나 스펙으로 활용될 수 있다는 전제 하나 없이 부산에서만 100여 명이 넘는 청소년들이 한 장소에 모였습니다. 차가운 바닥에 둘러앉아 그 공기가 뜨거워질 때까지 이야기했습니다. 우리의 삶을, 우리의 일상을, 그리고 그 사소함 속에서 찾아낸 거대한 흐름을 이야기했습니다. 20개가 넘는 지역에서 이와 같은 일이 동시에 벌어진다는 것을 기적이 아닌 다른 단어로 표현하기는 어려운 일입니다.

치열하고 뜨겁게 살아온 참여자들의 일상을 들으면서, 진지하고 깊게 고민한 흔적들이 묻어나오는 그들의 생각을 들으면서 많이 반성하게 되었습니다. 내 삶에 대해 반성했고 내가 누리고 있던 특권들에 대해 되새겼으며 무엇을 해야 할지 묻기 시작했습니다. 그 한 번의 행사가 저를 완전히 바꾸었습니다.

어떻게 살아가야 할지 방향이 생겼고, 하고 싶은 일들이 생겼고, 매일매일이 배움의 연속이었습니다. 덕분에 하루하루가 정말 행복해졌습니다. 성적도 정말 많이 올랐습니다. 입시경쟁에서 좋은 성과를 얻고 있다고 말을 하는 것이 아닙니다. 일상을 대하는 제 생활과 태도가 변하였다는 증거였습니다.

무엇보다 지난 2년을, 삶에서 가장 가치 있는 시간으로 만들어준 사람들에게 감사합니다. 기획에 참여하면서 만났던 인연들 모두가 정말 소중합니다. 평생 재산으로 생각하고 안고 가겠습니다. 사실 행사 그 자체보다 행사를 통해서 만나는 사람들이 더 중했고, 덕분에 많이 성장할 수 있었습니다.

수능을 300여 일 앞둔 저는 이제, 이 아스팔트 도로 같은 입시경쟁에 전념하려고 합니다. '풀 한 포기 없는 이 길을 걷는 것'은 이 너머에 제가 찾는 길이 있는 까닭입니다. 많이 미안합니다. 내년 기획팀원들에게도 함께 남지 못해서 미안합니다. 그래도 잘해줄 것이라 믿습니다.

인디고 서원이 말하는 인문학은 쓸모없지 않습니다. 적어도 한 사람을 변화시켰고 이 변화는 저에게만 있었다고 생각하지 않습니다. 바닷물을 짜게 만드는 2%의 소금은 남천동 학원가 구석에 존재하고 있었습니다. 존재해주어서, 시류에 씻겨 내려가지 않고 버텨주어서 감사합니다.

'꿈과 자유의 영토' 아래에서 '살아있는 자의 의무'를 다할 수 있게 해준 인디고 서원과 정세청세, 그리고 이 인연으로 만날 수 있었던 모든 사람들에게 다시 한번 진심으로 고개 숙여서 고맙습니다.

3

청소년, 민주주의를 살다

왜 일상에서의 실천은 어려울까?

정세청세에서의 시간은 즐겁습니다. 비슷한 고민과 생각을 가진 이들과 어울려 세상에 대해 이야기하고 밝은 미래와 희망에 대해 꿈꿀 때면, 당장에 무엇이라도 실현할 수 있을 것처럼 흥분됩니다. 민주적 절차에 따라 상대의 이야기에 귀 기울이고 공적인 상상력을 가지고 대화하며, 중재와 협상을 거쳐 함께 결론을 내리는 치열하고 열띤 토론 속에서 나 역시 무언가의 일부로 참여하고 있다는 자신감도 솟아납니다. 하지만 수많은 청소년은 다음날 날이 밝아 학교에 가면 그런 결심들이 무색해지고 일상의 무료함에 다시 젖어 경쟁과 치열한 입시에 몸을 던지게 된다고 고백합니다. 광장에서 촛불을 들 때는 용감한 시민이지만, 매순간의 삶에서 민주주의를 실현할 용기를 내지 못하는 오늘날 대부분의 사람들도 같은 마음일 것입니다. 알고 배우는 것과 그것을 실제의 삶으로 체득해 살아가는 것 사이에는 너무나 큰 괴리가 존재합니다. 한 정세청세 기획팀 청년의 글을 통해 우리가 어떻게 이러한 순간에 취하지 않고, 배움과 결심을 삶 속으로 가져와 다시 실현해낼 수 있을지 진지하게 질문을 던져보았습니다.

· 백수정(20세) ·

지난 4월 16일. 저는 학교 수업을 마치고 세월호 희생자 추모 집회에 참여하기 위해 서울 광화문으로 갈 계획이었습니다. 그때 함께 있던 교수님께서 저에게 밥을 사주겠다고 하셨는데, 저는 선약이 있다고 거절했습니다. 그 선약이 계속하여 무엇이냐고 캐묻는 교수님께 저는 솔직하게 말씀을 드렸습니다. 교수님께선 별로 좋아하지 않으시며 제가 그곳에 간다고 해서 달라질 것은 없다고 말씀하셨습니다. 그 말씀이 제게는 비난으로 느껴졌고, 그 비난은 다시 궁금증이 되었습니다. 무고한 희생자들이 많이 나왔지만 제대로 된 책임을 지지 않는 이 시대를 살아가는 청년으로서 나는 무엇을 해야 하는가. 이대로 가만히 있어야 할까? 아니면 저항해야 할까?

저는 사범대를 다니고 있고 교사로 살아가는 것을 꿈꾸고 있습니다. 그렇기에 교사가 어느 정도로 정치나 민주주의에 대해서 가르쳐야 하는지 늘 의문이었습니다. 저는 정세청세에 참가한 것을 제외하고는 고등학교 1학년 때 처음으로 나와 가족, 학교와 친구들 밖에 있는 세상과 마주했습니다. 저는 그것도 늦은 시기라고 생각을 했는데, 주위를 둘러보니 대학생이 되어도 세상에 관심이 없는 친구들은 많더군요. 그리고 고등학교 2학년 때 처음 정치적인 목소리를 냈습니다. 저희 학교 학생회는 당시 국정원 선거개입과 관련한 시국선언과 다른 시국선언문도 읽고 공부를 많이 했으며, 시국선언을 하기 위해 팸플릿을 만드는 등 많은 움직임이 있었죠. 저는 그 모든 과정에 열정을 갖고 참여했습니다.

하지만 학교의 반대로 제대로 시행하지 못하였습니다. 대안학교를 다녔지만, 교장 선생님은 '아직은 너희들이 그것에 대해 신경 쓰지 않아도 될 나이'라고 하셨습니다. 당시 교장 선생님께서는 저희를 이해한다고 말씀하시면서도 '아직은 너희에게 이것보다 더 중요한 것이 있는 시기'라고 하셨습니다. 교장 선생님의 염려는 알았습니다만, 저는 정말 화가 났습니다. 그렇다면 그 '적절한 시기'란 언제라는 말인지요?

더 이상 미성년자가 아니고, 정치적 의사를 충분히 표현할 수 있는 나이가 되었다고 생각한 지금도 여전히 저는 삶의 영역에서 계속 어려움에 부딪힙니다. 어른들은 여전히 제가 아직 얼마나 어리고 무력한지 강조하고, 사회는 나에게 그것 말고 해야 하는 일이 얼마나 많은지 압박합니다. 학교에서는 분명 정의를 가르쳤고, 착하고 정직하게 살 것을 가르쳤는데 왜 그렇게 행동하는 것을 막는 것일까요? 언제부터 어떻게 행동하는 것이 맞는 것일까요? 그리고 어떻게 해야 이러한 억압에서 자유롭게, 내가 실현하고 싶은 민주적 삶을 살아갈 수 있는 걸까요?

나의 권력 찾기

정세청세에서는 민주시민으로 거듭나 매일을 살아가기 위해 가장 먼저 필요한 것을 자신의 권력을 깨닫는 것이라고 말합니다. 시민이라는 이름으로 살아가면서도, 우리는 자신의 권력을 의식하기가 어렵습니다. 실질적으로 우리가 원하는 대로 바꾸어본 적도, 그럴 가능성도 없어 보이기 때문입니다. 하지만 이것은 권력에 대한 오해가 만든 착각입니다. 우리는 권력과 관련된 단어를 연상하면 쉽게 일방통행적, 통제, 법률, 세력, 부 등의 이미지를 떠올리며 내가 지금 당장 가질 수 없는 것이라고 생각합니다. 그러나 『살아있는 민주주의』에서 프란시스 무어 라페는 이러한 권력의 이미지는 하나의 관념으로, 우리는 실제 권력이 그러한 것보다 관념 그 자체를 믿고 있다고 말합니다. 오히려 권력이란 '우리 스스로 행동할 수 있는 능력'으로, 누군가에게 위임하는 것이 아니라 협력적으로 만들어 나가는 것, 그래서 스스로 변화할 수 있는 것입니다.

따라서 삶의 순간에서 살아있는 민주주의를 실현하고자 할 때 가장 중요한 것은 스스로의 권력을 깨닫는 것입니다. 투표를 하여 누구를 당선시킬 것인지가 권력이 아니라, 국가의 정치, 다시 말해 국가 구성원의 삶의 문제를 어떻게 해결하는가에 영향을 미치는 것이야말로 권력입니다. 이는 라페가 "우리가 선택할 수 있는 것은 세계를 변화시킬지 말지 하는 것이 아니라, 어떤 방향으로 세계를 변화시킬 것인가"라고 말한 것과 같은 맥락입니다. 즉 권력이란 거대하고 위협적인 것이 아니라, '그 누구라도 변화시키고 있는 것'이지요. 그렇기에 우리는 모두 권력을 쥐고 있습니다. 그리고 우리 존재가 스스로 가진 힘과 가능성을 충분히 인식할 때, 세상을 바꾸기에 앞서 나 자신을 바꾸고 나의 생활, 주변 사람들, 삶을 바꿀 수 있는 것입니다.

그렇다면 스스로의 권력을 인지한다는 것은 무엇일까요? 권력이 강제와 횡포, 위협적인 것과 거리가 먼 것이라면 과연 권력의 모습이란 어떤 것일까요? 정세청세에서는 이러한 권력의 예시를 영상 〈변호사 조영래〉에서 찾아보았습니다. 변호사 조영래는 모두가 외면했던 사회적 약자를 자신이 도울 수 있음을 알았고, 모두가 안 된다고 했을 때에도 가능성을 믿었고, 그 권력을 행사하여 진실을 밝혀냈습니다. 자신이 변호사로서 할 수 있고 또 해야 할 일이 무엇인지를 알고, 자신이 타인에게, 또 사회에게 어떤 영향을 끼치는지 이해했기 때문에 그러한 일을 할 수 있었던 것이겠지요. 즉 자신이 그 누구라도 변화시킬 수 있는 권력을 가지고 있음을 알았기에, 진실을 묵인할 수 없었던 것입니다. 만약 묵인함으로써 자신의 권력을 활용하지 않고, '누군가 하겠지', '내가 굳이 나설 필요 없지'라고 타인에게 양도해버렸다면, 수많은 약자의 인생이 비참하게 무너질 수 있다는 것을 알았기 때문입니다.

다시 우리의 삶을 들여다봅시다. 교육제도를 싫어하면서도 어느새 그러한 교육제도에 익숙해진 우리의 모습, 자본주의를 비판하면서 자본주의에 누구보다 충실한 우리의 모습, 그 모습을 발견하지도 못하고 이러한 삶을 살고 있는 것은 오로지 제도와 사회 때문이라고 책임을 전가하는 우리의 모습, 그리고 사회에 존재하는 문제들을 해결할 책임, 의무들은 자신이 할 수 없다고 생각하는 모습까지. 이 모든 것은 스스로의 권력을 인지하고 있지 않기 때문이 아닐까요? 프란시스 무어 라페가 말했듯 우리가 선택할 수 있는 일은 타인에게 영향을 미칠 것인가 말 것인가, 즉 권력을 가질 것인가 가지지 않을 것인가가 아니라, 어떻게 영향을 미칠 것인가를 고민하는 것뿐입니다. 또 다른 정세청세 기획팀원들이 각자 어떻게 민주주의를 위해 첫발을 내딛었는지 이야기를 함께 들어볼까요?

· 황신웅(20세) ·

저는 텔레비전을 보며 시위하는 노동자들을 빨갱이라고 욕하는 아버지, 독재정권 시절 민주화운동에 소리 없이 힘쓰셨던 외할아버지의 딸인 어머니 아래서 자랐습니다. 아버지와 어머니의 상반된 정치적 입장 때문인지 저는 정치와 관련된 대화들은 그저 피하고 싶었고, 정치적 견해는 사람들 간의 갈등을 불러올 뿐이라고 생각했습니다. 또 청소년 시절에 자신의 정치적 견해를 가진다는 것은 배움의 기회와 폭을 한정시키는 행동이라고 생각했습니다. 그래서 '우리는 진정한 시민입니까'를 주제로 한 정세청세를 준비하면서, 이때 주로 다루어진 '민주주의'에 내해서 굉장히 조심스럽게 접근했습니다.

그런데 이번에 정세청세에서 함께 공부하면서 저는 이러한 저의 유보적인 태도를 어쩌면 '중립적'이라는 말로 포장해왔던 것은 아닐까 하고 의문을 던졌습니다. 민주주의 사회는 갈등과 논쟁이 만연한 것을 그 사회의 기초로 하고 있는 사회인데, 저는 정치적 갈등을 가능하면 피해야 하는 나쁜 것으로만 생각해왔던 것입니다. 그렇기 때문에 저에게 정세청세는 참 소중한 자리입니다. 공부하면서 저는 제가 아직 사회 관념의 인습적 틀에서 벗어나지 못했고, 배울 것이 한참 남았다는 것을 깨달았습니다. 그리고 그런 배움을 감사하게 생각합니다.

저는 경영학을 전공하고 있습니다. 그래서 아무래도 경제 쪽으로 관심이 갈 수밖에 없었는데요. 민주주의와 연결해서 갑을 논란에 관련한 기업 윤리, 그리고 경제적 양극화를 해소해나갈 경제 민주화와 같은 주제를 더 깊게 공부해보고 싶다고 생각했습니다. 민주주의 그리고 자본주의라는 두 선상에 놓여 있는 주제들에도 무게를 두어 이야기를 나누었으면 합니다.

'자유민주주의 사회에서 개인이나 기업이 자신의 능력으로 이윤을 추구하는 것이 어디까지 허용될 수 있는지', '이를 규제하고 처벌한다면 그 근거는 무엇이며, 그것이 개인의 자유라는 기본권을 침해하는 것은 아닌지'와 같은 질문으로 시작하여 사회 및 경제적 양극화 현상에 대해서, 더 나아가서는 청소년들이 이와 같은 현상에 대해 어떻게 문제의식을 가지고, 조금이나마 고찰할 수 있을지에 대해서도 모두의 생각을 나누어보았으면 합니다.

· 민병일(21세) ·

대한민국에서 민주주의는 무엇일까요? 끝없는 전쟁과 가난을 거치면서 대한민국에는 뿌리 깊은 피해의식이 생겼습니다. 많이 가져야 하고 남보다 좋아야 한다는 집착이 만연해진 것입니다. 그런 상황에서 동족상잔의 비극이라고 하는 한국전쟁을 거치며 지금까지도 민주주의가 정상적으로 자리 잡지 못했습니다.

저는 특히 우리가 누리는 자유 그리고 민주주의에서 이 사회의 주인은 '나'라는 생각의 당위에 빠져서 '왜'라는 근본적인 질문과 내가 민주주의의 주인으로서 어떤 일을 하고 있는지에 대한 질문을 던지지 못하고 있다는 생각이 듭니다. 실제로 민주주의가 잘 기능하려면 능력 있고 유능한 지도자가 등장하거나, 우매하지 않고 주체적이며 깨어 있는 시민들이 있는 두 가지 경우를 생각하지 않으면 안 됩니다. 그런데 지금 우리의 모습은 어떤가요. 유능한 리더를 따르고 있나요? 아니면 우리가 깨어 있나요? 민주주의를 잘 활용하여 좋은 사회를 만들어가기 위해서 무엇이 필요한지에 대한 논의가 시급하다고 생각합니다.

자유는 정말 달콤한 말입니다. 사전에서는 '외부적인 구속이나 무엇에 얽매이지 아니하고 자기 마음대로 할 수 있는 상태'라고 자유를 설명합니다. 하지만 민주주의를 위한 책임은 내버려두고 누릴 수 있었던 자유만 찾았던 탓에 우린 지금 돈이나 학력, 국가로부터 자유롭지 못하고 오히려 얽매인 채 허덕이며 살고 있습니다. 왜 우리는 스스로 주인이 되지 못하고 자유인이 되지 못했을까요?

주권재민主權在民, '국가의 주권이 국민에게 있다'는 원리를 다시 돌이켜봅니다. 우리는 스스로가 주인이라고 착각만 하고 있었던 것이 아닐까요? 반려견을 키운다면서 밥도 안 주고 대소변을 치워주지도 않고 약도 제때에 챙겨주지 않으면서 주인이라 우길 수 있을까요? 아이의 건강과 상태에는 관심도 없으면서 아이의 부모라고 주장만 할 수 있을까요? 정치적 사건보다 연예인들의 공항패션이 더 이슈가 되고, 정치적 문제를 생활에서 이야기 꺼내는 것조차 꺼리면서 과연 우리가 국민이라 말할 수 있는 근거가 무엇일까요? 민주주의 그 자체를 다시 생각해볼 필요가 있다고 생각합니다.

자신이 가진 권력을 인지하고 그것을 어떻게 사용할 것인지 고민한다면, 우리는 잘못된 사회의 문제를 결코 그냥 넘길 수 없게 될 것입니다. 또 사회 곳곳의 약자와 고통에 빠진 사람들을 마치 나의 책임처럼 여기고 마음 아파할 것입니다. 그냥 '좋은 사람'이기에 몇 푼 기부하고, '정치적'이기에 사회에 목소리 내는 것이 아닙니다. 이 땅의 진짜 권력을 가진 주인이기에, 주인의식을 갖고 진실을 요구하고 더 나은 사회의 방향을 모색하려는 것입니다.

정세청세에 참여한 청소년들은 모두 이렇게 자신 내면의 깜짝 놀랄 만한 윤리성, 책임감과 마주치게 됩니다. 그리고 다시는 그 이전으로 돌아가지 않기 위해 스스로 용기를 북돋아주고, 어떻게 나태하고 무기력하게 변하지 않을지 치열하게 고민합니다. 그리고 모두가 권력을 인지하고 또 그것을 자신의 삶에서 실현할 수 있게 되기까지, 정세청세에서 경험이 큰 도움이 되었다고 말합니다.

청소년들은 정세청세에 와서 수없이 다양한 사람을 만나고 여태까지 생각해본 적 없던 질문을 마주하고 머리를 모아 답을 찾아갑니다. 말이 많은 친구, 내성적이지만 생각이 깊은 친구, 토론에 익숙하지 않은 친구, 자기의 꿈을 아직 찾지 못한 친구 등 토론의 참가자들은 다양하지만 누구를 만나 소통하든 그 과정에서 자유와 희망을 느낄 수 있었다고 말합니다. 다양한 이상, 가치, 꿈, 또 복잡한 세계를 만나고 부딪히며 자기 자신을 표현하기 위해 자유롭게 노력하기 때문입니다. 또 자기와 같은 생각을 하는 동료들이 이렇게 많다는 것을 느끼기 때문입니다. 그곳에서 청소년은 '우리'가 되고 새로운 정신적 공동체의 일원이 될 수 있었습니다. 만남과 소통이란 그런 것입니다. 단지 그 순간으로 그치는 것이 아니라 내면의 진정한 성장으로 이어지는 경험이지요.

많은 청소년들이 정세청세를 통해 소통하는 법을 배웠고, 소통을 해야 하는 이유에 대해 배우고 있습니다. 그 시간들을 통해 청소년들은 성장하고 자기만의 세계를 풍요롭게 가꿉니다. 돈, 성공, 경쟁에서 이기는 것이 최고라고 말하는 환경에서도 비로소 이것이 삶을 무감각하게 만든다는 것을 깨닫게 됩니다. '최고의 가치'라는 것만 따라서는 사회에 심각한 일들이 일어나도 마음으로 그 심각성을 깨닫지 못하게 될지도 모릅니다. 무감각에서 벗어나기 위해서는 주변의 모든 것들에 예민하게 깨어 있어야 합니다. 깨어 있는 삶을 살기 위해서는 소통과 공감이 필수적입니다.

정의로운 세상에 대해 고민하고, 사랑, 자유, 평화와 같은 가치를 지켜야 한다고 이야기하면서 그런 가치와 동떨어진 모순된 현실을 볼 때, 청소년들은 자신의 모습을 다시 돌이켜보고 무엇을 스스로 실천할 수 있는지 고민하기 시작합니다. 나 자신부터 바꾸고, 나 자신이 있는 자리에서부터 변화를 만들어내겠다는 결심이 생겨나면 나로 인해 친구들과 가족의 삶에도 변화가 찾아옵니다. 삶의 순간들에 '공론의 상'이 많이 부족함을 느끼는 청소년이기에, 자신의 생각을 표현하고 스스로를 되돌아볼 수 있을 만한 공간에서 더 절실하고 열정 가득하게 소통할 수 있었던 것은 아닐까요. 더 나은 삶을 향해서 나아가려는 열정 가득한 이들과 소통할 수 있는 장에서 함께 실천할 방법을 고민한다는 것. 이런 기회들을 통해 청소년들은 조금씩 변화할 수 있고, 또한 변화를 이끌어낼 수 있다고 생각합니다.

민주시민이 되는 길도 이러한 맥락을 함께합니다. 자연스럽게 흘러가는 대로 익히게 되는 것이 절대 아닙니다. 민주적인 가치를 배우고 이를 지킬 힘을 배워야 합니다. 철학자 강유원의 글 「학문하는 세 가지 태도」에서는 학문을 하는 태도에 대해 크게 세 가지로 설명합니다. 주변 사물들에 대해 의심을 갖는 '인문학적 태도'와 어떤 객관적 사실을 추구할 것인가의 문제의식을 지니는 '사회과학적 태도', 그리고 어떤 구체적이고 현실적인 성과(개인적, 사회적 변화)를 이끌어낼 것인가를 고민하는 공학적(실용적) 태도가 바로 그것입니다. 청소년들은 바로 이러한 고민을 하며 실제로 성장하고 실천의 힘을 길러갑니다. 내가 살아가는 사회에 관심을 갖고, 의심하고, 질문하고 고민하지요.

시민은 길러지고, 교육되어야 한다

"우리는 지금 절차적 민주주의의 손상 때문만이 아니라 무엇보다도 또한 진영의 좌우를 막론하고 민주주의를 위한 '시민적 덕성$^{civic\ virtue}$'을 표현하고 또 길러 줄 민주적 시민 문화의 부재 때문에 고통 받고 있다. 우리 민주주의의 위기는 곧 '시민성^{citizenship}'의 위기인 것이다. (…) 시민은 하늘에서 뚝 떨어지는 존재가 아니다. 시민은 길러지고 교육되어야 한다. 민주주의는 인류 역사가 발전시킨 정치 체제 중에서 사람들이 배우지 않고는 꾸려갈 수 없는 유일한 정치체제다. 가정에서부터 학교를 거쳐 일상적인 삶의 공간으로 나아오면서 민주적인 가치와 지향과 태도를 몸에 배워 익히고 사회의 정치과정에 나름의 몫을 갖고 참여하여 조율할 줄 아는 능력을 키운 사람만이 민주주의의 온전한 시민이 될 수 있다."

– 장은주, 「한국 민주주의의 위기와 시민을 위한 교육」 중에서

지금껏 우리는 좌우를 떠나 제대로 된 민주주의에 대해 배운 적이 없었기에, 민주시민으로 자랄 수 있도록 올바른 문화가 부재했기에 살

아있는 민주주의를 실현하는 일이 어렵고 고되었습니다. 그러한 이유로 이 사회에 뿌리 깊은 부조리와 불의가 많은 생명을 앗아가고 사람들을 영혼의 가난으로 몰아붙이는 것을 지켜봐야 했지요. 오랜 시간 동안 우리가 길들여져 온 잔인하고 차가운 시대를 보내고 이제 정치에 참여하고 목소리 내어 모두의 권리를 외치는 능력 있는 새로운 세대가 나타나야 할 때입니다. 이는 오로지 교육과 삶에서 실현으로만 가능한 일입니다.

· 황신웅(20세) ·

그렇다면 어떻게 우리는 매일 매일을 깨어 있는 민주시민으로 살아갈 수 있을까요? 저는 우리가 정세청세를 열심히, 잘 해나가는 것이 가장 중요하다고 생각합니다. 우리가 함께 읽은 논문 중 하나인 「한국 민주주의의 위기와 시민을 위한 교육」에서 지적한 '교육의 악순환'이라는 부분이 인상 깊었는데요. 우리 사회에 뿌리내린 입시 경쟁식 교육과 이념 갈등의 정치 교육은 근본적으로 민주주의의 위기에서 비롯된 결과이며 또한 민주주의 위기를 초래하는 원인이라는 것입니다.

그렇다면 이 상황을 어떻게 극복해야 할까요? 논문에서 장은주 선생님은 '심의 민주주의 모델'과 '토론 문화의 정착'을 이야기합니다. 저는 바로 이 지점에서 우리 정세청세가 한국 민주주의 위기를 극복해나갈 수 있는 하나의 가능성을 가지고 있다고 생각합니다. 정세청세에서는 인문적 가치를 바탕으로 한 토론을 통해 우리 사회의 문제를 스스로 인식하고 타인과 소통할 수 있습니다. 이는 사회 의사결정에 있어서 구성원들의 만장일치가 있지 않더라도 충분히 합리적인 절차를 거치고 그 결과에 따를 수 있는 문화, 또한 누구나 그 정치적 결정에 있어서 이의를 제기하고 쟁점화할 수 있는 문화에 기여할 수 있다고 봅니다.

그렇다면 청소년들이 주도적으로 배우고 나누는 소통의 장인 정세청세를 잘해나가는 것이 민주주의를 활성화할 수 있는 하나의 씨앗이 될 수 있지 않나 싶습니다. 동시에 매순간 정세청세에서 배운 가치를 잊지 않도록 친구들에게 나누는 것이 필요하다고 생각합니다. 개인적으로는 단순히 친구들 손을 잡고 정세청세로 이끄는 정도의 역할을 할 수 있겠지만, 크게 본다면 정세청세와 같은 문화와 시스템이 학교에서도 가능할 수 있는 방법을 찾고 싶습니다. 그래서 누구나 크게 용기내지 않더라도 자연스럽게 정세청세와 같은 문화를 접하고 익히고, 살아갈 수 있도록 하고 싶습니다.

· 민병일(21세) ·

민주시민이 되는 것, 민주주의를 실현하는 것은 무척 어려운 일이 분명합니다. 이런 어려움 속에서 저는 민주주의, 민주시민의 가능성을 우리가 충분히 믿어주는 것이 더 필요하다고 생각합니다. 다시 말하자면, 위기 속에서 그에 대한 반성이 나올 수 있고, 거기에서 발전 방향을 제시할 수도 있지 않나 하는 생각입니다.

저는 문제점을 극복하는 것은 그 반대의 사상의 선택이 아니라 새로운 사상의 창조라고 생각합니다. 언제나 생각하지만, 우리가 생각하는 이상향에 도달한 사회는 존재하지 않고 또 가볼 수도 없습니다. 마치 천국이 어떤 곳인지 존재하는지 모르듯이 말입니다. 하지만 우리는 흔히들 아주 좋은 상태일 때 천국에 온 것 같다고 표현합니다. 이상적인 사회, 이상적인 민주시민의 모습도 그런 것이 아닐까요. 사람들이 문제점을 인식하고 끝없이 좀 더 나은 세상을 위해서 발전하고 노력하는 그 자체 말입니다. 그런 점에서 민주주의 체제와 우리가 살아가는 모습에 대해 반성할 수 있는 논의가 필요하고, 정세청세가 그러한 논의까지 다룰 수 있는 소통의 장이 되어야 한다고 봅니다.

· 백은지(21세) ·

저는 정세청세 안과 밖에서 우리가 어떻게 민주시민으로 거듭날 수 있는지, 무엇이 더 필요한지 고민해봤습니다.

첫 번째는 청소년·청년 기획팀의 역량 강화입니다. 제게는 비교 대상들에 대한 구체적인 자료가 없고, 또한 제가 말하는 '역량'이라는 것은 너무나 추상적이기에 수치적인 비교를 할 수는 없습니다. 그러나 현재 정세청세의 기획팀은 공부가 부족하고, 실무적인 능력을 더 길러야 할 것 같습니다. 초기보다 정세청세의 몸집은 커져서 전국으로 뻗어 나갔는데, 그것을 떠받치는 중요한 기둥들은 속이 비고 있으니 정세청세는 만성적인 골다공증에 시달릴 수밖에 없습니다. 특히 실무적인 부분에서는 지역 간의 연결망을 긴밀하게 유지하는 방법 등에 대해서도 공부가 필요합니다. 따라서 저는 청소년·청년 기획팀들이 함께 심도 있는 정기적인 워크숍을 진행할 수 있기를 바랍니다. 청소년이 단순한 피교육자가 되는 것을 정세청세가 지양한다는 것은 알고 있습니다. 그러나 우리의 필요로 우리가 원하는 교육을 요청하고 그것을 청소년들이 능동적으로 받아들인다면 청소년들이 수동적인 피교육자로 전락하는 일은 충분히 방지할 수 있다고 생각합니다.

두 번째는 정세청세가 진공관을 깨고 나오는 일입니다. 저는 제가 참가

하는 세미나나 학회 등에서 정세청세를 알리고 정세청세에 대해 이야기를 나누곤 합니다. 모두가 그런 것은 아니었지만, 꽤 많은 이들이, 정세청세가 우리 현실에서의 민주주의와 너무나 격리되어 있다는 느낌을 받는다고 했습니다. 또 그런 말을 하는 사람 중 다수는 청소년 시기에 정세청세에 일반 참가자로서 참가해본 경험이 있는 이들이었습니다. 우리는 언제까지 정의로운 세상을 '꿈꾸기'만 해서는 안 됩니다. 우리는 정의를 실천해야 하며, 이는 연습이 필요합니다. 정치적인 시위의 참가나 캠페인을 벌이는 등 타 단체와의 협력 등을 통해서 우리 사회의 역동적인 현실에 좀 더 적극적으로 뛰어들어보는 경험을 할 수 있었으면 좋겠습니다.

무엇보다 매일 정세청세를 한다는 마음가짐으로 지냈으면 좋겠습니다. 과연 내가 정세청세였다면 친구에게 어떻게 말했을까? 이런 상황에 어떤 결정을 내렸을까? 그런 고민과 결정을 해나가는 것 말입니다. 저는 정세청세가 정의를 이야기할 수 있는 장뿐만 아니라 실천력을 기를 수 있는 장이 되기를 진심으로 바랍니다. 그럴 때 정세청세는 지금보다 한층 더 발전할 수 있을 것으로 생각합니다.

청소년, 새로운 세대가 되다

우리는 지금과는 전혀 다른 세상, 민주적인 가치가 조금 더 존중받고 그 누구도 배제되지 않는 인간다운 세상을 만들 이들을 새로운 세대라고 부릅니다. 하지만 정세청세에서는 나이만 젊다고 해서, 새로운 휴대폰 기종을 잘 안다거나 새로 나온 가요들을 꿰고 있다고 해서 새로운 세대가 될 수 있다고 생각하지 않습니다. 지금 기성세대라고 부르는 어른들이 몇 십 년 전에는 신세대라고 불리고 유행을 선도했던 것처럼, 그런 의미의 새로운 세대라면 늘 있어왔으니까요. 아직 미완이지만 계속해서 공부하고 익히고 내 몸에 민주적 습관들을 길러나갈 때, 매일의 노력을 통해 길러지고 교육되어 분명 이전과는 다른 공동선을 꿈꾸고 만들어갈 이들을 새로운 세대라고 부르고 싶습니다.

그렇다면, 과연 공동선은 무엇일까요? 공동선의 사전적 의미는 '사회 구성원 모두에게 공통되는 이익'입니다. 그런데, 저는 여기서 한 가지 의문점이 듭니다. 과연, 이 넓고 넓은 지구에 사는 70억 인구 모두에게 공통되는 이익이 존재할까 하는 것입니다. 사회가 갈수록 복잡해짐에 따라 각자가 추구하는 목표와 이익이 다르다 보니, 그 욕구들이 겹치게 되어 결국 사회 구성원 모두가 공감하는 공통분모는 찾기 힘들어졌습니다. 그러나 공동선은, 단순히 우리 모두에게 공통되는 이익이 아닙니다. 공동선은, 우리 모두가 더 큰 정의를 위하여, 개인주의와 이기심이 아닌 공동체주의와 이타주의적 행동으로 형성되는 사회 구성원들의 도덕적 공감대입니다.

우리는 길거리에서 도움이 필요한 사람을 지나칠 때, 학교에서 따돌림을 당하는 아이를 방관하고만 있을 때, 이런 생각을 하며 스스로를 위로하곤 합니다. '난 지금 내 갈 길이 바빠서 도와주기 힘들어. 나 말고도 도와줄 수 있는 사람은 많은데 뭘', '따돌림 당하는 아이를 보면 마음이 아프지만, 내가 나서면 나도 따돌림 당할 게 뻔한데', '에이, 귀찮게 뭐 하러 나서. 딴 애가 말리지 않을까?' 그러나, 우리의 이런 마음가짐이 학교폭력에 시달리던 학생들을 죽음으로 내몰았으며, 또 지금 이 순간까지도 그러한 일들이 일어나고 있습니다.

하지만 이런 불의의 현장을 외면할 때 나타날 것이라 굳게 믿고 싶은 '다른 누군가'는 존재하지 않습니다! 문제를 회피하려고만 하는 사람들 하나하나가 모인다고 생각해보십시오. 아무도 나서지 않을 겁니다. 하지만 선뜻 나서지 못하는 그 마음, 충분히 이해합니다. 용기를 내는 것은 어려운 일이기 때문입니다. 왜 꼭 나여야 하냐며 핑계를 찾고 회피하는 일은 쉽기 때문입니다. 그러나 용기가 없어도, 귀찮다고 해도, 이것 하나만은 우리의 가슴속에 품고 살아가야 합니다. 모든 일을 바라볼 때, '우리'라는 공동체 안에서 일어났다고 생각해보는 것입니다. 여기서 우리는, 너와 나, 우리 집, 우리나라를 일컫는 것이 아닙니다. 단순히 나, 우리, 그리고 우리나라 안에서의 공동선은 진정한 공동선이 아닙니다. 지구 반대편에 사는 사람들을 비롯한 전 세계인들이 함께 추구하는 가치가 진정한 공동선이기에, 여기서 '우리'는 세계시민주의에 입각한 범지구적 공동체입니다.

그러나, 그럼에도 불구하고 범지구적 공동체라는 말은 막연하게만 느껴질 수 있습니다. 그러면, 이것을 우리를 중심으로 한 일상에서부터 실천해나가면 어떨까요? 사실 범지구적인 영향도 사소한 행동 하나하나에서 시작됩니다. 친구의 슬픔에 함께 공감하고, 청소하는 분에게 따뜻한 인사 한마디 건네는 것 같은 일부터가 시작입니다.

마라톤을 가장 빠르게 완주하기 위해서는 빠르게 달리는 것이 아니라, 느리지만 쉬지 않고 한 걸음씩 내딛어야 합니다. 우리가 내딛는 이 걸음들도 작을지 모릅니다. 그러나 작은 걸음들이 모일 때, 우리 사회는 분명 달라질 것입니다. 진심으로 실천하는 행동 모두가, 이 공동선이라는 소박하고도 거대한 가치의 씨앗입니다. 공동선은 결코 위대한

업적도, 거창한 프로젝트로 완성되는 가치도 아니기 때문입니다. 엘리트주의로 무장한 소수의 지도층이 아닌, 공동체주의로 무장한 다수의 '우리'로부터 시작되기 때문입니다.

마지막으로 정세청세에 참여했던 청소년들의 목소리를 들어보려 합니다. 이 손을 잡고 함께 살아있는 민주주의를 실현할 민주시민 여러분을 기다립니다.

· 엄희연(19세) ·

우리는 거짓말을 한다는 사실을 모르고 거짓말을 할 수 있으며 우리가 진실이라 믿는 세상이 거짓일 수 있습니다. 그리고 가해자도 피해자라고 이야기할 수 있죠. 그럼 다시 말해 우리가 불의라고 생각하는 것이 불의가 아닐 수도 있고, 정의라 생각하는 것이 정의가 아닐 수도 있다는 이야기이며 우리가 불의를 행한다고 말하는 사람의 입장에서는 그것이 정의일 수도 있습니다.

그런데도 새로운 세대를 외치는 이유는 분명 정의롭지 못하고 행복하지 못한 어떠한 사건이 일어났기 때문입니다. 이때는 변화가 최선일 수 있습니다. 그리고 제가 꽤 오래전부터 변화를 위해 꾸었던 '서러움을 느끼는 사람이 없는 세상을 만들자'라는 꿈이 떠오르기도 했습니다. 불가능한 말이라는 것을 압니다. 그래서 적어도 본인의 잘못이 아닌, 즉 불의로 인해 서러움을 느끼는 사람이 없도록 하자는 것이었습니다.

저는 제 꿈을 이루기 위해 노력할 것이고, 새로운 세대가 탄생하도록 노력할 것입니다. 지금의 세계는 제가 생각하는 정의가 실현 불가능하니 말입니다. 전 새로운 세대가 될 여러분이 이런 사실을 알아야만 한다고 말하고 싶습니다. 왜냐하면 흔들림을 이기는 것은 '그럼에도 불구하고'라는 말이라고 생각하기 때문입니다. 그럼에도 불구하고 우리는 우리가 생각하는 불의에 맞서야 합니다. 그것이 우리가 탄생시킬 새로운 세대라고 생각합니다. 나 자신의 선택을 믿고, 나를 믿고, 꿈을 이루기 위해 노력하는 것이 여러분과 제가 해야 할 일이고, 할 수 있는 일이라고 생각합니다.

· 조해진(19세) ·

여러 가지 맞물림 속에서 우리의 시대는 새로운 세대를 원하고 있습니다. 아직까지는 우리는 미래를 살아갈 세대이긴 하지만 시대에 부응하는 세대는 아니라고 생각합니다. 우리는 기성세대들이 정해놓은 지식 안에서 공부하며 그들이 원하는 방향으로 이끌려 다니기만 하였습니다. '나'라는 존재는 사라지고 스스로를 상품화시키기 바빴죠. 우리가 볼 수 있었던 것은 아니, 기성세대가 우리에게 보여주었던 것은 사회의 치열한 경쟁뿐이었으니까요.

그러나 예전과는 다르게 우리에게는 그 이면을 볼 수 있는 능력이 생기기 시작했습니다. 이러한 삶과 상황이 결코 옳지 않음을 깨달을 수 있는 능력입니다. 누군가에게 쓸모없다는 소리를 듣고 있는 이 능력에 저는 전율합니다. 스스로 공부를 원하고 소통을 꿈꾸며 변화를 상상할 수 있는 현재가 행복합니다. 나 혼자 이 행복한 기분을 누리기는 싫습니다. 다양한 사람들과 다양한 꿈을 좇으며 재미있게 살기를 바랍니다. 우리 모두 이전의 '나'를 탈피하고 진정한 행복을 찾아 나서봅시다!

· 정유정(17세) ·

제가 생각하는 새로운 세대란 바로 '용기' 있는 모습의 세대입니다. 현실의 벽과 짜여 있는 틀에 맞서 그것을 깨뜨릴 만한 용기를 가진 세대, 21세기 자본주의 사회에 이보다 더 새로운 세대는 없다고 생각합니다. 용기 있는 새로운 세대는 자신의 꿈을 가장 간절하게 원하는 사람입니다. 자신의 꿈보다도 더 마음을 뛰게 하는 일은 없습니다. 꿈을 찾아가는 일이 아무리 힘든 일이라고 해도, 내 안의 내가 어서 쉬라고 유혹할 때도 그것을 마다할 만큼 뜨거운 심장을 가진 세대, 그것이 바로 새로운 세대입니다. '아무것도 하지 않는 것은 죽을 때까지 한시라도 쉬지 않는 나의 심장에게 너무 미안한 일이 아닐까요?'라는 문장을 본 적이 있습니다. 나를 움직이게 할 뜨거운 세대가 바로 우리여야만 합니다.

· 최은진(19세) ·

"미안하다." 핵발전소가 초래한 비극적인 결과를 두고, "그때는 핵발전소를 짓는 것 외에는 다른 방법이 없었나요?"라고 물어올 다음 세대에게 윤호섭 에코디자이너가 하고 싶다던 말입니다. "미안하다"라는 이 한마디는 한 세대를 향한 비극적 결과에 대한 책임감 없이는 불가능한 말이라고 생각합니다. 나의 과오임을 인정하기에 가능한 말입니다.

오늘날의 우리 세대는 책임을 지는 것과 이로부터 비롯하는 미안함을 표현하는 것에 서툽니다. 무조건 자신이 옳고 그 이후의 것은 철저히 배제해버리는 개인주의. 더 나아가 불의를 알면서도, 바라보면서도 책임지기 두려워하고 도망가기 바쁜 이기주의가 팽배한 사회에서 안주하고 있지요. 소속과 그에서 비롯된 안정감을 좋아하는 우리. 그러나 한편으로는 책임의 분산에 몰래 불안 섞인 한숨을 내쉬는 우리.

이것을 진정한 연대의 소속감이나 안정감이라고 칭할 수 있을까요? 환경의 파괴, 노동자들에 대한 정당하지 못한 대우, 보이지 않는 계급 속에서 양극화되어가는 경제적 형편, 권력의 오남용에 상처 입는 사람들 등 수많은 불의에 관하여 그래도 우리는 꽤 오랫동안 열심히 공부하고 해결하기 위해 노력해왔습니다. 그럼에도 여전히 많은 이들이 문제를 외면하고 문제의 해결을 위한 외침들마저 소외되어버리기에 이 사회는 열리는 듯 싶다가 더더욱 굳게 닫혀가는 것 같습니다.

그러나 우리는 알고 있습니다. 그리고 배우고 있습니다. 보이지 않는 계급에 짓눌리는 이들도 알고, 굶주림이 가장 큰 고통인 이들의 존재도 확인할 수 있습니다. 이제는 앎에서 그치지 않고, 공감할 줄 알아야 한다고 생각합니다. 불의 속에서 허우적대는 이들은 우리의 손길을 밀쳐내지 않을 것이며, 그 따스함으로 끈끈한 연대를 이뤄냄으로써 사랑을 몸소 실현할 수 있을 것입니다. 그것이 설령 껍질 속의 작은 꿈틀거림으로 시작될지언정 사랑과 공감으로 모인 역동성을 이 세상에 발붙이게 하는 것이 새로운 세대의 역할이라 믿습니다. 냄비처럼 한순간 끓어오르는 분노나 저항의식. 동정심이나 순간적 관심이 아닌 잔잔하더라도 끊이지 않고 유지될 수 있는 의식을 지니고 책임감으로 깨어 있는 것. 새로운 세대는 바로 그 순간 탄생할 것이며, 희망은 그때 비로소 가능할 것입니다.

새로운 세대를 위한 민주주의 1

Doing Democracy

1판 1쇄 펴냄 2017년 4월 28일
1판 2쇄 펴냄 2018년 9월 20일

엮은이 인디고 서원

주간 김현숙 | **편집** 변효현, 김주희
디자인 이현정, 전미혜
영업 백국현, 정강석 | **관리** 김옥연

펴낸곳 궁리출판 | **펴낸이** 이갑수

등록 1999년 3월 29일 제300-2004-162호
주소 10881 경기도 파주시 회동길 325-12
전화 031-955-9818 | **팩스** 031-955-9848
홈페이지 www.kungree.com | **전자우편** kungree@kungree.com
페이스북 /kungreepress | **트위터** @kungreepress

ISBN 978-89-5820-447-3 04300
ISBN 978-89-5820-450-3 04300 (세트)

값 13,000원